지식을 돈으로 바꾸는 기술

지식을 돈으로 바꾸는 기술

초판 1쇄 인쇄 | 2017년 5월 10일
초판 1쇄 발행 | 2017년 5월 15일

지은이 | 장진우
사진 | BM스튜디오 임우섭
펴낸곳 | 함께북스
펴낸이 | 조완욱

등록번호 | 제1-1115호
주소 | 412-230 경기도 고양시 덕양구 행주내동 735-9
전화 | 031-979-6566~7
팩스 | 031-979-6568
이메일 | harmkke@hanmail.net

ISBN 978-89-7504-660-5 03320

지식을 돈으로 바꾸는 기술

장진우 지음

CREATIVITY

함께
BOOKS

이 책은 지식과 경험을 돈으로 바꾸는 8가지 비밀들을 파헤치고 있으며, 이를 통해 세상을 더 나은 방향으로 변화시킬 통찰력을 제시한다. 보다 현명하게 일하고, 더 나은 삶을 살기를 원하는 이들이라면 반드시 읽어야 할 책이다. 나의 관점이 변화된 것처럼, 나는 이 책이 당신의 인생을 완전히 바꿔놓을 것이라고 확신한다. (원승연/ 아나두 대표이사)

베스트셀러 작가, 스타강사, 아나운서, 기업체 대표 등 직업의 종류는 달라도 온리 원이 되고 싶다면 장진우를 벤치마킹해야 한다. 이 책은 '지식 창업'이라는 새로운 분야를 제시하며, 지식 창업을 '왜 시작해야 하는지'부터 '어떻게 하면 성공적으로 나아갈 수 있는지'까지 구체적인 사례를 통해 알려준다. 저자의 삶이 온전히 담긴 이 책은 차별화된 삶을 꿈꾸는 모든 사람들에게 온리 원이 될 수 있는 최고의 길을 제시한다.

(유은영/TBS 영어 아나운서, KFBA 아나운서)

빛의 천사 헬렌 켈러는 태어난 지 얼마 되지 않아 눈과 귀가 멀고 벙어리가 되었다. 이 같은 큰 불행에도 불구하고 그녀는 위대한 역사의 한 페이지에 자신의 이름을 장식했다. 저자 장진우 역시 자신이 처한 불행 속에서 불가능을 가능으로 만든 사람으로서 수많은 사람들에게 본보기가 되고 있다. 그의 지식과 통찰력이 담긴 이 책은 '지식 창업'에 대해 막연한 꿈을 꾸고 있거나 방법을 모르는 사람들에게 최고의 경영 지침서가 될 것이 분명하다. (김소라/TBC, SBS 영어 아나운서, KFBA 아나운서)

창업은 국가발전을 위한 터전이고 출발점이라는 얘기, 많이들 봤을 것이다. 중국의 비약 뒤에는 창업의 힘이 컸다. 어떻게 창업할 것인가? 바로 이 책 속에 답이 있다! 이 책이 지식을 자본으로 한 창업 아이디어를 얻는 데 큰 도움을 줄 것으로 확신한다. 이 책은 도전하고 싶지만 방법을 모르는 청년들, 일상에 지쳐 용기를 잃은 중년에게 또 한 번의 용기와 자극을 선사할 것이다.

(정명숙/서울디지털대학교 교수, KBS 보도국 중국어통역사)

놀랍도록 신선하며 독창적인 책이다. 프롤로그를 읽으며 바쁜 손을 내려놓고 눈길을 뗄 수 없었다. '평범하게 태어나 특별한 삶을 살아가는 법'에 대한 직·간접적인 경험을 거침없이 써내려간 저자는 대한민국의 새로운 희망을 제시하고 있다. 대한민국 청년에 대한 좌절과 아픔을 확 깨는 '특별한 책'임에 틀림없다. 이런 젊은이가 많아진 국가의 미래 사회를 상상하며 느껴지는 가슴 뭉클한 감동을 독자 여러분도 함께 느껴보길 바란다. (심상희/ 용곡중학교 교장)

대단히 매혹적이면서도 감동적이다. 이 책은 돈만이 자본이 될 수 있다는 신화를 떠받드는 세상에 던지는 설득력 있고 흥미로운 대답이다. 지식을 자본으로 삼아 창업할 수 있다는 새로운 통찰력을 제시하고, 그것의 성공 방정식을 풀어내는 저자의 논리와 통찰력에 다시 한 번 놀라움을 금치 못했다. 이 책은 창업에 대한 새로운 패러다임을 제시하고, 교육과 경영현장, 독자들의 삶을 완전히 바꿔놓을 것이다. (정현호/ 인토피아 대표이사)

이 책은 다채로운 지식의 식탁으로 당신을 초대한다. 그가 이 책에서 제시하는 '지식 창업의 8단계 로드맵'은 지식 창업에 이르는 길을 제대로 이해할 수 있도록 한 줄기 빛을 선사해 준다. 탁월함을 추구하는 사람들, 특히 매일 성장하고 싶고, 성공하고 싶은 꿈 많은 20, 30대 청년들에게 이 책은 가장 완벽한 해답을 제시한다. (김승엽/ 국가대표 요리사)

자신이 가진 무한한 가능성과 잠재력을 믿고, 인내하며, 새로운 도전을 할 용기가 있는 사람이 인생의 정상을 정복할 것이라는 사실을 가르쳐 준다. '한 인간에게는 작은 한 걸음이지만, 인류에게는 거대한 약진이다.'라는 인류 최초로 달에 발자국을 남긴 닐 암스트롱의 말처럼 이 책은 세상을 더 이롭게 변화시키려는 첫 발걸음을 인도하는 지침서가 될 것이다.

(강아람/ SB엔터테인먼트 대표이사)

성공에 이르는 지도를 찾는 사람이라면, 반드시 읽어야 할 책이다. 우리는 너무나도 오랫동안 자본은 돈이라는 신화에 갇혀 있었다. 이 책은 당신에게 필요한 최소한의 성공 요소가 돈과 경쟁이 아니라 자신의 '특별함'을 인식하는 데 있다는 사실을 알려준다. 이 책을 통해 어떻게 성공으로 나아갈 수 있는지, 어떻게 남들과 차별화된 삶을 살아갈 수 있는지에 대한 가장 가슴 뛰는 해답을 발견할 수 있을 것이다.

(이희성/ 청년놀이연구소 대표이사)

이 책은 다양하고 의미 있는 아이디어로 가득하다. 저자는 성공한 지식창업자들의 사례들을 자신의 삶과 알기 쉽게 연결시킨다. 1,000만 회 이상 조회된 TED 강연부터 지식을 자본으로 창업을 할 수 있는 방법에 이르기까지 다양한 분야의 지식을 넘나든다. 기존에 가지고 있던 선입견을 완전히 깨부수며, 올해 읽은 책 중에서 나를 가장 변화시키고 새로운 지식에 눈뜨게 해준 책이다. (전윤희/ 창의융합예술교육 퍼스널뮤직 대표이사)

contents

Chapter 03.

나만의 플랫폼을 구축하라

Chapter 04.

퍼스널 브랜딩으로 나를 알려라

지금의 멋지게 포장된 내 모습과 달리 나의 어린 시절은 가난하고 어려웠다. 우리 가족이 살았던 집은 인천의 6평 남짓한 다세대 주택이었는데, 부모님은 자주 경제적인 문제로 다투셨다. 그럴 때면, 나와 여동생은 방구석에서 서로를 의지하며 부모님의 언쟁을 지켜보았다. 친구의 생일날 선물을 준비하지 못해서 미안한 마음에 친구의 집 앞을 서성이다 발걸음을 돌린 적도 있었고, 추운 겨울날 붕어빵이 너무나 먹고 싶어서 10번도 넘게 고민하다 겨우 사 먹었던 붕어빵의 기억도 있다.

그 시절 이러한 경제적인 부족한 환경은 어린 나에게 '반드시 성공해서 경제적인 문제로는 더 이상 고통 받고 싶지 않다'는 생각을 하게 만들었다. 중학교에 진학할 무렵이었다. 나는 그 해결방법으로 공부를 선택했다. 하지만 초등학교 과정을 공부와 담을 쌓고 지내서인지 중학교 1학년 성적은 하위권을 맴돌았다. '남들은 저렇게 머리가 뛰어난데, 왜 나는 그러지 못하지'라는 생각에 머리를 책상에 박아가며 내 부족한 능력을 탓했다. 수업을 들으면 무엇이 핵심인지 파악하지 못해서, 허둥지둥 고민하다가 아까운 수업시간을 날리는 날이 허다했다.

그럼에도 불구하고 나는 포기하지 않았다. 치열하고 독하게 공부에 매달렸다. 점심시간에 친구들이 점심식사를 하기 위해 식당에 갈 때, 나는 수업시간에 배운 단원에 대하여 복습을 했다. 친구들이 모두 식사를 마치고 돌아와서 놀고 있던 20분 동안 나는 빠르게 점심을 먹고 내 자리로 돌아와서 다시 책상에 앉아 수업을 기다렸다. 친구들이 50분 수업이었다면 나는 30분을 더한 80분을 공부한 셈이었다.

그렇게 1년을 보내자 성적은 믿을 수 없을 만큼 향상되기 시작했다. 중학교에 입학할 때 최하위권이었던 성적은 2학년이 되자 전교 6등까지 올라갔고, 3학년 1학기 중간고사에서는 전 과목 만점으로 전교 1등을 했다.

고등학교에 진학할 무렵, 아버지의 건강이 악화되어 신장이식 수술을 해야 하는 상황이 되었다. 아버지는 혹시 모를 죽음에 대비해 나에게 한 통의 편지를 남겨주셨다. 아버지가 입원해 계신 병원으로 향하는 버스 안에서 그 편지를 읽었다. 아버지의 편지에는 '내 아들 진우야, 너는 특별한 사람이니 반드시 크게 성공할 수 있으리라 믿는다.'라고 쓰여 있었다. 나는 흐르는 눈물을 닦을 생각도 못하고 다시 한 번 반드시 성공해야겠다고 다짐했다.

대학교 생활은 매일 매일이 전쟁과 같았다. 학교가 위치한 서울의 끝자락 안암동과 인천을 오가는 중에 과외로 학생들을 가르치고, 그 돈으로 생활비와 월세를 충당했다. 다른 학생들처럼 편하게 도서관에 앉아 학과 공부를 하며, 친구들과 술잔을 기울이고, 미팅에 나가는 건 나에게 사치였다. 제대로 밥 먹을 시간조차 없이, 시간을 쪼개서 생활하는 탓에 김밥과 샌드위치로 대부분의 끼니를 해결했다. 하지만 나는 즐거웠다. 세상은 배워야할 것이 너무 많은 희망의 학교였다.

'평범하게 태어난 나도 성공할 수 있는가?'

대학시절 내내 이 질문에 대한 답을 찾기 위해서, 조금의 자투리 시간도 허용하지 않고 가능한 한 많은 책을 읽었다. 10년에 걸쳐서 1000여 권이 넘는 책을 읽고, 성공한 CEO들과 각계각층의 '지식을 파는 사람들'을 만나서 이야기를 듣다보니 어느덧 '어떻게 하면 평범한 사람도 성공할 수 있는가?'에 관한 원칙들이 정립되기 시작했다.

나는 이러한 원칙들을 활용해서 내 운명을 변화시키기 시작했다. 내가 변화하자, 내 주변 사람들도 변화하기 시작했다. 이제 이러한 성장과 변화의 과정을 '성공의 8단계'로 정립하여 새로운 꿈을 꾸는 사람들에게 전하고자 이 책을 집필하게 되었다.

이 책에는 오랜 시간 나의 노력이 고스란히 담겨있다. 그것은 '지식 창업자로 성공하는 법'에 대한 노하우다. 나는 10년이라는 시간동안 '평범하게 태어나 특별한 삶을 살아가는 법'에 대해 치열하게 연구하고, 분석하고, 노력한 결과를 8단계로 정리해두었다.

내가 치열하게 경험한 시간을 이 책에 담았다. 이 8단계를 따라간다면, 누구나 성공적인 삶을 살아갈 수 있으리라 확신한다. 하지만 그 과정은 쉽지 않을 것이다. 그럼에도 불구하고 그 과정을 성취하고 난 뒤에 얻는 기쁨은 그러한 어려움을 충분히 보상받고도 남을 만큼의 가치가 있을 것이다.

누구나 특별한 가치와 소명을 가지고 태어났다. 이제는 그 가치와 소명을 찾아 목숨 걸고 행동할 때다. 자신만의 특별함을 인식하고, 삶이라는 무대의 주인공이 될 때, 진정한 삶의 행복을 누리게 될 것이다.

세움스쿨 대표이사
장진우

Chapter **01**.

나를 차별화하라

새로운 세계를 만드는 방법

❝미래를 예측하는 가장 좋은 방법은 미래를 창조하는 것이다.**❞**
— 피터 드러커

사람들은 누구나 보다 더 나은 삶을 영위하기 위해서 지식이 필요하다. 돈을 벌기 위해서 재테크 전문가의 강연을 듣고, 재테크에 관한 책을 구매하여 읽듯이, 부동산 투자를 하기 위해서 부동산 투자 전문가를 찾아가서 1:1 컨설팅을 받고, 그의 말에 따라 부동산 투자 결정을 내린다. 직장에서 생존하기 위하여 다양한 방법들에 대해 배우러 다니고, 소통 능력과 프레젠테이션 능력을 향상시키기 위해 전문가를 찾는다. 영어를 배우기 위해 학원에 다니기도 하고, 중국어를 배우기 위해 특강에 참석하기도 한다.

자신만의 새로운 세계를 구축하는 전문가의 업무는 무자본으로 시작할 수 있는 일이다. 필요한 책, 영상, 콘텐츠가 주변에 널려있다. 당장 도서관에만 가도 내가 원하는 분야의 책을 마음껏 볼 수 있다. 자신이 선택한 관련 분야에 체계적인 지식만 쌓는다면, 누구나 전문가로서 활동할 수 있다. 자신만의 지식을 터득한 지식창업자들은 다른 사람들이 성공하도록 도와주고 관련 정보와 노하우를 제공하면서 돈을 번다. 개인의 성장도 이루면서 먹고사는 문제도 해결할 수 있다. 의미 있는 삶과 물질적인 만족 두 가지를 동시에 누릴 수 있는 것이다.

당신이 살아온 이야기, 알고 있는 지식, 살아오면서 깨달은 교훈은 엄청난 잠재적인 가치를 가지고 있다. 전문가로서 활동하기 위해서는 나이도, 성별도, 학벌도 필요치 않다. 오로지 나의 지식과 경험을 전달하며 맺어진 고객과의 진정한 관계로부터 나만의 무대를 만들어 나갈 수 있다. 우리는 이제부터 이러한 삶을 살아가는 사람들을 '지식창업자'라고 칭한다.

자신의 지식과 경험을 통해 돈을 버는 사람들이 속한 분야를 지식산업이라고 한다. 지식은 마르지 않는 샘물과 같아서 아무리 퍼주고 퍼내도 없어지지 않는다. 지식은 무한한 사업적 가치를 지닌다. 다른 사람들이 성공하도록 돕는 방법을 가르쳐줌으로써 나만의 독자적인 무대를 만들고, 개인의 성장을 이루며, 막대한 수익을 창출할 수 있다. 무자본으로 시작해서 당신이 꿈꾸는 경제적인 '부'를 이루는 것은 가능하다.

이제부터 나는 이 책을 통해 지식과 경험을 기반으로 돈을 버는 지식창업자로서 성공할 수 있는 방법들에 대해 알려줄 것이다. 이 책을 읽어 내려가면서 당신은 어떻게 나만의 차별화된 스토리를 만들 수 있는지, 그것을 통해 어떻게 수익을 창출할 수 있는지, 그리고 그 과정 속에서 있을 어려움들을 어떻게 극복해 나갈 수 있을지에 대해 생각하는 시간을 갖게 될 것이다.

지식창업자들이 어떻게[how] 성공적인 삶을 살아가는지 알아보기에 앞서서, 그들이 왜[why] 지식창업자로서의 삶을 선택했는지 아는 것은 당신이 삶을 선택 하는데 큰 도움을 줄 것이다.

지식창업자의 삶

첫째, 지식창업자는 언제, 어디서든지 일을 할 수 있다.

나는 다른 사람들과 달리 매일 아침 새벽 6시 반에 일어나서 지하철을 타고 회사로 이동하지 않는다. 노트북과 필요한 서류를 갖추고 있으면 매일 집 앞에 있는 스타벅스에서도 나만의 일을 처리할 수 있다. 내가 움직이는 공간이 곧 사무실이 될 수 있는 것이다. 나는 인터넷이 연결되는 곳이라면 전 세계 어디서라도 일할 수 있는 자유를 가지고 있다. 삶이라는 무대 위를 담대하게 춤추며, 나의 영혼이 이끄는 방향을 따라 살아가는 자유를 누리고 있다.

나는 '이 순간을 살자'라는 의미의 라틴어 'Carpe diem'이라는 말을 사랑한다. 지금 이 순간만이 나의 존재를 확신할 수 있는 유일한 순간이기 때문이다. 지금 이 순간에는 강력한 힘이 있다. 나는 삶에서 중요하지 않은 것들에 파묻혀 살아가는 것을 거부했다. 지금 이 순간은 곧 사라지기 때문이다.

10년 후에 내 삶을 돌아보게 되었을 때, 어쩔 수 없이 출근해야 하는 압박감 속에 새벽 6시 알림을 끄고 일어나는 삶을 살아갈 것인가 묻는다면 나는 당당하게 '아니요'라고 대답할 것이다.

둘째, 지식창업자는 내가 원하는 사람과 함께 일할 수 있다.

나는 참석하기 싫은 회식을 억지로 가지 않아도 된다. 매일 끊임없이 이어지는 야근과 회의에 참석하지 않아도 된다. 누군가를 비난하며 내 삶이 그로 인해 망가졌다고 하소연할 필요도 없다. 나는 내가 원하는 나만의 삶을 주체적으로 살아가고 있을 뿐, 어느 누구의 간섭도 받지 않는다. 그렇기에 나와 뜻을 같이 하는 사람들과 함께 시간을 공유할 수 있다. 나는 매일 누군가를 위해 좋은 일을 하려고 노력한다. 내가 원하는 사람과 함께 일할 수 있기에 누릴 수 있는 특권이다.

삶은 내가 쓴 에너지만큼 반드시 돌려받는다. 내가 좋은 사람들과 함께 어울리며 긍정적인 에너지를 사용한다면, 내 삶은 갈수록 더 풍요로워질 것이다. 반대로 내가 원하지 않는 사람들과 함께 누군가를 비난하고, 비판하고, 불평과 불만으로 가득 찬 부정적인 에너지를 내뿜는다면 내 삶은 갈수록 더 빈곤해질 것이다. 그러기에 나는 당연히 전자를 택했고, 현재 나는 누구보다 행복한 삶을 살아가고 있다.

셋째, 지식창업자는 내가 전달하는 가치만큼 돈을 받는다.

나는 나의 가치만큼 돈을 번다. 타인이 나에게 '연봉 3200만원'이라고 규정하는 것이 아니라, 나의 가치는 내 스스로 결정하고 발전시킨다. 타인에 의해 수동적으로 규정되는 삶이 아니라, 내 스스로가 주체적으로 결정하는 삶을 살아가는 것이다. 그렇기에 내가 벌 수 있는 돈에는 한계가 없다. 내가 나의 가치를 결정하기 때문이다.

내가 나의 가치를 결정하는 순간부터, 삶이라는 무대의 주인공은 나 자신이 된다. 이 무대는 우리가 숨 쉴 수 있는 공간이자, 나 자신과 다시 이어지는 기회의 공간이다. 물론 '안정'이라는 벽 앞에 조용히 앉아 자기 의심과 두려움의 그늘에 머물 수도 있지만, 나는 내딛어보지 못한 삶으로 한 발짝 한 발짝 발을 내딛는 삶을 살기로 결정했다.

삶은 오직 단 한 번뿐이기 때문에 나의 삶을 타인의 손에 의해 좌우될 수 있도록 내버려 둘 수는 없다고 생각했다. 내가 내 삶의 주인이 되는 순간, '첫 키스의 순간'처럼 모든 것이 홀연히 완벽하게 조화로워지는 느낌을 받는다.

넷째, 지식창업자는 많은 팀원과 조직이 필요하지 않다.

그렇기 때문에 내가 마음을 먹으면 지금이라도 당장 시작할 수 있다. 나는 혼자 시작해서 지금은 10명이 넘는 지식창업자들과 함께 일하고 있다. 성공한 지식창업자들은 자신과 같은 방향을 바라보는 사람들과 함께 일하는 경우가 많다. 하지만 이들도 처음에는 혼자 시작했다는 사실을 잊어서는 안 된다. '시작은 미약하나 그 끝은 창대하리라'라는 믿음은 수많은 성공한 사람들에 의해 증명된 사실이다.

바로 지금이 선택해야 할 순간이다. 지금 이 순간만이 우리 스스로의 존재를 확신할 수 있는 유일한 순간이기 때문이다. '나중에…'라는 말은 언제나 우리의 발목을 붙잡는다. 수많은 사람들이 '나중에…'를 외치다 자신의 꿈을 잃어버린다. 확실한 것은 당신이 그토록 기대하는 나중에 라는 시간은 절대 오지 않는다. 세상에서 가장 먼 단어는 '나중에'라는 단어이다. 꿈을 이룰 기회와 나를 떨어뜨리는 가장 부정적인 단어이다.

지금, 가슴이 뛴다면 바로 행동할 수 있다. 하나의 선택이 당신의 인생을 송두리째 바꿔놓을 수 있다.

마지막으로 지식창업자로서 삶을 살아가다보면 세상에서 가장 열정적이고 에너지 넘치는 사람들과 함께 일할 수 있다. 내가 가진 지식과 경험을 나누고 다른 사람들이 성공하도록 돕는 일은 예술과 같다. 이는 사람의 영혼 속에 잠들어있는 열정에 불을 붙이고, 자신만의 가치 있는 목소리를 내도록 한다. 이러한 열정이 수많은 사람들에게 영감을 불어넣고, 자신만의 특별한 존재 의미를 찾도록 하며, 이 땅에 내가 존재하는 이유에 대해서 생각하게 한다. 이 일을 통해 함께하는 가치를 찾을 수 있으며 매일 매일 성장하도록 만든다. 무엇보다도 개인적인 성장과 물질적인 번영을 함께 이룰 수 있다.

나는 영어에 대한 지식을 전하는 지식창업자로서 누구보다 행복한 삶을 살아가고 있다. 물론 처음부터 이렇게 행복한 삶을 살았던 것은 아니다. 새로운 길을 개척해나가고, 무에서 유를 창조하는 과정은 쉬운 일이 아니었기 때문이다. 하지만 아무도 가보지 않고 시도하지 않은 길이었기에 오히려 무한한 가능성이 존재함을 경험했다.

'나는 스스로에게 한계를 두고 있지는 않은가?'

우리가 스스로에게 진지하게 던져봐야 할 질문이다. 우리에게 주어진 한계란 없다. 오직 스스로 정해 놓은 한계만이 존재할 뿐이다. 우리는 무한한 세계를 창조할 능력을 가지고 태어났다. 내가 나를 믿지 않으면, 세상 누구도 당신을 믿어주지 않는다.

기회의 또 다른 이름

"자기 자신을 믿는 순간, 어떻게 살 것인지 알게 될 것이다."
— 요한 볼프강 폰 괴테

수많은 자기계발서와 동기부여 영상들은 "네 가슴이 시키는 일을 해라.", "네가 원하는 삶을 살아라."와 같이 추상적이고 실천하기 어려운 메시지를 전달한다. 영상을 보는 순간 가슴속에 짧은 열정은 불러일으킬 수 있을지는 몰라도, 10분만 지나면 언제 그랬냐는 듯이 원래의 상태로 돌아온다. 많은 사람들이 밤이면 수많은 길을 생각하다가도 아침이 되면 자신이 원래 가던 길로 간다. 마음속에 생긴 열정을 행동으로 이끌어내기 위해서는 어떻게how 성공적인 지식창업자로서 삶을 살아갈 수 있는지에 대해 알아야 한다.

나의 지식창업자로서의 시작은 무한한 가능성과 잠재력을 스스로 믿는 것이었다. 세상의 모든 성공한 지식창업자들은 자기 자신에 대한 믿음과 성공에 대한 확신을 가지고 있다. 그들은 다른 사람들보다 모든 면에서 뛰어날 수 있다고 생각하지 않았다. 그들은 자신만의 특별한 강점에 집중했다. 그들은 자신이 살아오면서 배워온 교훈이나 지식이 다른 사람들에게 도움을 주거나 가치 있을 것이라고 생각했으며 그러한 삶을 추구했다. 만약 그러한 지식이나 교훈이 없을 경우에는 그것을 만들어내기 위해 노력했다. 자신이 뛰어난 분야에 집중하면 스스로의 잠재력과 가능성을 발견하게 된다. 그때부터 작은 성취가 쌓이고 이는 스스로에 대한 강력한 믿음과 확신을 만들어낸다.

　나는 지식창업자로서 성공하기 위해 내가 가장 흥미 있는 분야에 집중했다. 나는 다른 어떤 것보다 영어에 가장 관심이 있었다. 나는 영어를 전공했거나 석,박사는 아니었지만 학창시절부터 영어는 어느 정도 자신이 있었다. 그래서 다른 분야는 생각하지 않고 오직 내가 가장 흥미 있는 한 가지 분야인 영어에만 집중하기로 했다. 그래야 내가 가진 지식과 경험이 다른 사람들을 도와줄 수 있는 수준에 이를 것이라고 믿었다. 그 믿음을 현실로 만들기 위해 나는 영어를 가르치는 교수법에 있어서는 다른 사람들보다 뛰어나기 위해 치열하게 노력했다. 그렇게 내가 가진 가능성과 잠재력을 스스로 발견할 수 있었다.

　그렇다면 내가 강점을 가진 분야는 어떻게how 찾을 수 있는가.

　자신이 원하는 분야를 선택하는 방법은 간단하다. 모든 정답은 이미 당신은 알고 있다. 믿기지 않는다면 다음 질문의 빈칸을 채워보자.

'영어를 잘하는 비결은 … 이다.'

많은 사람들이 '실제 외국인과 대화해보는 것', '미드나 팝송을 통해 영어를 배우는 것', '매일 꾸준히 영어일기를 쓰는 것'과 같이 매우 쉽고 빠르게 빈칸(…) 부분을 완성할 수 있을 것이다.

이렇게 터득한 자신감이 '영어'라는 주제 속에서 의미 있는 지식으로 전달될 수 있다. 영어에 대한 다양한 책을 읽고 사례만 덧붙인다면 더욱 더 훌륭한 지식으로 탄생할 것이다. 성공한 지식창업자들은 이미 전문 분야가 있는 경우를 제외하고는, 먼저 자신이 전문가로서 성장할 분야를 선정하고 그에 대한 지식을 완성해나갔다. 그러니 지금 당장 자신이 강점을 가진 분야가 없다고 해도 걱정할 필요는 없다.

아래는 베스트셀러 《골든 티켓》의 저자이자 세계에서 가장 영향력 있는 저자로 활동 중인 브렌든 버처드가 제시한 내용이다. 그는 지식을 전달하는 산업에서 가장 유망한 10가지 분야를 선정하고, 이에 대해 생각해볼 수 있는 질문들을 다음과 같이 제시하였다. 이를 통해 당신은 어떤 분야의 전문 지식을 쌓는 것이 유리할지 스스로 판단할 수 있을 것이다.

- 동기부여 : (예) 나의 꿈을 이루고 동기부여 할 수 있는 5가지 비밀은 … 이다.
- 리더십 : (예) 다른 사람을 이끌고 팀을 운영할 수 있는 5가지 비밀은 … 이다.

- 재무관리 : (예) 효과적으로 돈을 관리할 수 있는 5가지 비밀은 … 이다.
- 사업 : (예) 성공적인 사업을 위한 5가지 비밀은 … 이다.
- 마케팅 : (예) 제품이나 브랜드를 성공적으로 마케팅하는 5가지 비밀은 … 이다.
- 인간관계 : (예) 신뢰를 쌓고 인맥을 넓히는 5가지 비밀은 … 이다.
- 신앙 : (예) 신과 영적으로 통할 수 있는 5가지 비밀은 … 이다.
- 심리 : (예) 스트레스를 효과적으로 조절하는 5가지 비밀은 … 이다.
- 예술 : (예) 피아노를 잘 칠 수 있는 5가지 비밀은 … 이다.
- 기술 : (예) 코딩을 빠르게 배울 수 있는 5가지 비밀은 … 이다.

물론 이 외에도 정말 많은 지식 분야들이 존재하지만, 많은 성공한 지식창업자들은 위에 제시한 10개의 분야를 통해 의미 있는 삶을 살아가며 돈을 벌고 풍요롭게 살고 있다. 지식들은 서로 합쳐지거나 세분화될 수 있다. 또한 새로운 분야를 창조해 낼 수도 있다. 어떤 분야가 나에게 가장 잘 맞을 것인지 파악하기 위해서는 위에 제시된 질문에 대한 답을 생각해보아야 한다. 바로 답이 떠오르지 않더라도, 나의 흥미를 자극하는 질문들이 있을 것이다. 그것에 대해 치열하게 생각하고, 나만의 분야를 정하는 것이 성공적인 지식창업자로 나아가는 첫걸음이다.

나는 어떻게 지식창업자로서 성공할 수 있는지에 대해 오랫동안 연구했다. 내가 처음부터 이 책에서 제시하는 방법을 알고 있었다면, 나는 수많은 시행착오를 겪지 않았을 것이다. 하지만 그러한 시행착오를 바탕으로 지금과 같은 성공의 8단계를 만들어낼 수 있었다. 어떤 분야는 이미 수많은 성공자들이 만들어놓은 이론을 바탕으로 경험을 덧붙여서 완성하는 경우도 있지만 순수하게 내가 새롭게 개척해나가야 하는 분야도 있다. 어떤 분야를 선택하든지, 자신만의 선택을 믿고 그 분야에서 최고가 되는 것이 중요하다. 작은 성취가 쌓이기 시작하면서 자신이 가진 무한한 가능성과 잠재력을 깨닫게 될 것이다. 희망적인 것은 그 순간은 반드시 온다는 것이다. 당신은 그만큼 특별한 존재이기 때문이다.

지식이라는 불타는 플랫폼

❝한 개의 촛불로 많은 촛불에 불을 붙여도
처음 촛불의 빛은 약해지지 않는다.**❞**

— 탈무드

많은 사람들이 '도전하라'는 짧지만 강한 글자를 마주하면 두려움을 느낀다. 도전하고 싶지만 막상 도전하고자 하면 용기가 생기지 않는 것이다. 마음이 답답해서 도서관에 가서 책을 읽어보고, 이곳저곳에 가서 강연을 들어봐도 망설임이 앞선다.

자신의 강점을 살려 도전해서 성공한 사람들을 보면서 '나도 할 수 있다.'라는 생각보다는, 자신이 그동안 이루어놓은 삶에, 의미를 스스로 부여하며 한계를 설정한다. '그들은 그들의 삶이 있고, 내 삶은 내가 개척한다.'며 자신의 삶을 지금까지처럼 그대로 유지한다. 도전해야 한다는 사실을 모른다기보다는 도전할 수 있는 용기를 접는다.

심리학의 3대 거장이라고 불리는 알프레드 아들러가 살던 100년 전에도 똑같이 이런 어려움을 겪는 사람들이 있었다. 그는 그러한 사람들에게 다음과 같이 이야기했다.

"안타깝지만, 용기라는 건 억지로 애쓴다고 생기는 게 아니다. 애초에 남들보다 '용기'가 없는 사람들도 있다. 그런 사람들에게 억지로 동기부여만 해주면, 도리어 '용기없는 자신'을 발견하게 될 뿐이다. 그래서 그들에게 필요한 건 동기부여가 아니라, 용기부여이다. 더불어 반드시 알아야 할 것이 있다. 용기란 '스스로 가치 있는 사람'이라고 생각할 때만 발현된다는 것이다. 그러므로 용기가 생기려면 먼저 자신의 특별함을 느낄 줄 알아야 한다."

삶을 살아가다 보면, 우리가 가진 특별함을 망각하면서 살아가게 된다. 산을 오르는 데에만 집중하다 보니 산이 있다는 것에 감사함을 깨닫지 못하는 것과 마찬가지 이치이다. 산에 오를 수 있는 것은, 건강한 신체와 산을 오를 수 있는 체력, 아름다운 풍경을 감상할 수 있는 능력이 우리 안에 잠재되어 있기에 가능한 것이지만 그것을 망각하는 것이다.

그렇다면 지식창업자로서 성공하는 사람들은 처음부터 자신의 특별함을 깨달은 용기 있는 사람들이었을까?

그렇지 않다. 성공한 많은 지식창업자들도 회사를 나오면서 두려움에 망설이고, 짧으면 6개월, 길면 몇 년간을 고민하다가 자신만의 길을 찾아 나섰다. 나 또한 나만의 길을 개척해 나가는 과정 속에서 수많은 두려움이 앞섰다. 그때마다 나는 '아무리 성공한 지식창업자도 처음에는 모두

서툴고 어설펐다는 사실'을 상기하며 다시 시작할 수 있는 힘을 얻었다.

이렇듯 우리가 행동하지 못하는 가장 근본적인 이유는 두려움 때문이다. 두려움을 제거하면 이제껏 내가 찾고 있던 해답이 또렷이 보이기 시작한다. 두려움으로 행동을 망설일 때 이 점을 명심하자. 무엇이든 해보고자 하는 마음을 열면, 당신이 치르는 가장 고된 투쟁은 당신의 가장 탁월한 강점으로 변화할 것이다.

나는 자본도, 인맥도, 기술도 없이 지식창업자로서의 삶을 시작했다. 단돈 50만 원을 가지고 집 앞에 있는 스타벅스에서 창업을 시작했다. 맨땅에 헤딩하는 식으로 아무것도 모른 채 시작했다. 필요한 자료가 있으면 학교 도서관에 가서 책을 읽었고, 학교 도서관에서 필요한 자료를 찾을 수 없으면 국공립 도서관을 이용했다. 만나야 할 필요한 사람이 있으면 적극적으로 SNS와 지인들을 통해 찾아 나섰다. 이런 경험이 쌓이다 보니, 나만의 노하우가 생기기 시작했다. 내가 터득한 지식을 전달하기 위하여 나만의 플랫폼을 만들고, 칼럼을 쓰고, 강연을 했다. 그것이 내가 지식창업자로 살아가는 첫걸음이었다.

지식창업자로서 활동하는 전문가가 되기 위해 해외 유학을 경험하거나, 석사나 박사 학위를 꼭 취득할 필요는 없다. 즉, 성공한 지식창업자가 모두 뛰어난 작가나 교수, 박사인 것은 아니다.

만약 당신이 부동산에 투자한다고 했을 때, 누구에게 조언을 얻을 것인지 생각해보자.

단순하게 부동산 이론만 공부해서 박사 학위를 딴 사람과 부동산 투자에 성공한 100명을 인터뷰하고, 그들의 성공 원리를 연구한 사람 중 누구에게 조언을 얻을 것인가.

나는 지체 없이 후자를 선택할 것이다. 그리고 그의 지식에 대해 기꺼이 돈을 지불할 것이다.

성공적인 지식창업자가 되는 과정은 단순하다. 사람들이 가치 있다고 여기는 당신만의 분야를 찾고(이것은 이미 스스로 발견했을 것이다.) 그에 관련된 책을 읽고, 그 분야에서 성공한 사람들을 인터뷰하고, 당신이 아는 것과 새롭게 배운 것들을 정리하는 것이다. 그렇게 함으로써 새로운 정보를 얻는 사람들이 더욱 손쉽게 그 정보를 이해하도록 돕는 일이 전부다. 그러면 어느 순간 당신은 많은 사람들에게 도움을 줄 수 있는 전문가가 될 수 있다.

내가 가진 모든 지식과 경험을 이 책 안에 담아냈다. 더 많은 사람들이 이 책을 통해 자신만의 삶을 개척하고, 성공하기를 간절히 기원한다. 이 책에 담긴 모든 내용은 보다 유능한 사람들에 의해서 발전되고 향상될 것을 믿는다. 지식은 불타는 플랫폼과 같아서 아무리 많은 사람들이 나눠 가져도 사라지지 않는다. 더 많은 사람들이 지식을 공유할수록 세상은 더 이로운 방향으로 흘러가고, 지식의 불길은 더욱 높게 타오를 것이다. 많은 사람들이 집단 지성을 발휘할 때, 세상이 더욱 발전한다는 것은 이미 역사적으로 증명된 사실이다. 지식창업자는 이러한 가치 있는 역사의 한 조각이다.

스토리가 아이디어를 이긴다

❝생각을 바꾸면 세상이 변할 것이다.❞
— 노먼 빈센트 필

어린 시절 눈 내린 겨울날, 나는 아빠와 함께 눈 덮인 산에 올라갔다. 나는 앞에 보이는 아빠의 큰 등에 의지하면서 앞으로 나아갔다. 포기하고 싶을 때마다 이끌어주는 아빠 덕분에 나는 무난히 산 정상까지 오를 수 있었다.

어른이 되고 난 뒤, 나는 아버지와 다시 한 번 눈 내린 산에 올랐다. 이번에는 내가 아버지보다 앞서서 나가기 시작했다. 그때 비로소 알게 된 사실은 눈길을 처음 밟으며 산을 오르는 일이 쉽지 않다는 것이었다. 왜냐하면 새로운 길을 내며 산을 오르는 사람은 먼 곳을 바라보기 때문이다. 하지만 그 길을 따라가는 사람은 앞사람의 뒷모습과 발자국만을 보며 따라가기 때문에 상대적으로 쉬운 일이라는 것을 깨달은 것이다.

삶도 이와 비슷하지 않을까. 새로운 길을 창조하는 삶을 사는 것은 힘들다. 무에서 유를 창조하는 일이기 때문이다. 놀라운 것은 한 번 길이 만들어지고 나면 그 길을 따라오는 사람들이 생긴다는 것이다.

당신이 생각하는 새로운 아이디어가 누구도 걸어가 본 적이 없는 길이라면, 스토리는 그 길을 걸어간 사람의 이야기이다. 당신의 스토리는 새롭게 창조된 길이다. 많은 사람들이 당신의 스토리를 듣고 감동 받고 배우고 깨달음을 얻을 것이다. 그렇다면 나만의 스토리는 어떻게 찾을 수 있을까. 이는 간단한 질문으로부터 시작된다.

"당신은 과거에 있었던 고민과 문제를 어떻게 해결하였는가?"

사람들은 삶을 살아가면서 비슷한 고민을 하고 비슷한 문제와 마주한다. 20대는 20대의 고민이 있고, 30대는 30대가 공감하는 고민이 있다. 내가 삶을 살아가면서 했던 고민과 마주쳤던 문제들을 해결했던 경험은 다른 사람에게 도움을 줄 수 있는 이야기가 된다. 스토리를 구성할 때에는 내가 청중들에게 들려주고 싶은 이야기가 아니라, 청중들이 나에게서 듣고 싶어 하는 이야기에 초점을 맞춰야 한다. 나는 오랜 경험을 통해 강력한 스토리를 만드는 질문을 발견했다.

1. 당신은 누구입니까?
2. 당신은 어떤 문제가 있었으며, 어떻게 그 문제를 극복했습니까?
3. 당신은 그 과정에서 무엇을 발견했습니까?

4. 당신의 이야기가 나의 삶에 어떻게 연관될 수 있습니까?

이 4가지 질문에 대한 답을 모두 포함하고 있는 스토리는 당신에게 강한 신뢰성을 부여한다. 나는 스토리를 만들 때 이 4가지 질문을 항상 생각한다.

이 책의 프롤로그는 이 4개의 질문을 통해 완성되었다. (다시 한 번 프롤로그 부분을 읽어보면 큰 도움이 될 것이다.) 당신의 스토리도 이 4가지 질문을 통해 완성될 수 있다.

다음의 이야기를 들어보자. (이는 기존에 있는 이야기를 4가지 질문에 맞게 각색한 것이다.) 이는 스토리의 힘이 얼마나 강력한지 보여준다.

저는 강원도 산골에서 평범하게 자라온 여자입니다.
어렸을 때 아토피가 유난히 심해서 부모님은 저 때문에 많은 고생을 했지요. 아버지는 산에 약초를 캐러 다니는 일을 하셨는데, 사람들에게 아토피에 좋은 약초가 있다는 소식을 들으면, 아버지는 그 약초를 찾으러 며칠 동안 산을 돌아다니기도 하였습니다. | |
그러던 어느 날 아버지는 '신의 손'이라는 약초를 발견하였습니다. 그 약초는 다른 약초와 달리 피부에 거부반응도 없이 효과가 있었습니다. 1년 동안 꾸준하게 바르고 나니 아토피는 씻은 듯이 완쾌되었습니다.
저는 아토피로 인해 굉장히 많은 놀림도 받고 상처도 많이 받았습니다. 그래서 아토피가 있는 아이들에게 이 약초를 활용해 아토피를 치료해줄 수 있는 화장품을 만들고 싶다는 생각을 하게 되었습니다. 그 결과 '신의 손'이라는 화장품이 탄생하게 되었습니다.

4) 이 화장품은 국가에서 인정받은 기관을 통해 아토피로 고생하는 사람들에게 큰 효과가 있음이 임상실험 결과 밝혀졌습니다. 제 경험과 노력이 아토피로 고통받는 모든 사람들에게 도움이 되길 희망합니다."

이러한 스토리를 들으면, 진정성이 느껴진다. 진정성이 느껴지는 스토리는 자연스럽게 더 많은 사람들에게 퍼져나간다. 위의 4가지 질문 중에서 가장 중요한 질문은 4번째 질문이다. 이는 '누구에게 나의 스토리를 전달할 것인가'의 문제와 연결된다. 어떤 사람들(이를 '타깃층' 이라고 한다) 에게 이 이야기를 전달할지 구체적으로 정해질수록, 스토리가 가진 힘은 더욱 강력해진다.

모든 스토리가 이와 같이 대단한 결과가 있어야 하는 것은 아니다. 다음의 이야기도 하나의 훌륭한 스토리가 된다. (이 또한 기존에 있는 이야기를 4개의 질문에 맞게 각색한 것이다.)

저는 환경 초등학교에 재학 중인 3학년 김지구입니다.

어느 날, 공원 앞을 걸어가다가 길거리에 쓰레기를 버리는 사람을 보고, 사람들이 버린 쓰레기를 줍는 일을 해야겠다고 생각했습니다. 그래서 다음날부터 학교가 끝나면 매일 2시간씩 손에 작은 쓰레기통을 들고 공원에 나가서 쓰레기를 주웠습니다.

한 달 동안 그렇게 공원을 청소하다 보니, 많은 사실들을 알게 되었습니다. 사람들은 내가 쓰레기를 줍고 있는 동안에도 쓰레기를 버렸습니다. 바로 옆에 내가 쓰레기통을 들고 있음에도 불구하고 쓰레기를 버리는 어른들이 특히 많았습니다. 나는 이를 계기로 매일 블로그에 쓰레기를 버리는 것이 얼마나 지구를 오염시키는 일인지에 대해 포스팅하고, 매달 첫째 주 토요일에 친구들과 함께 공원을 청소하는 봉사단체를 만들었습니다. 지구를 살리는 일은 나의 작은 실천에서 시작된다고 생각합니다.

4) 나의 청소활동 이야기는 환경을 생각하는 모든 사람들에게 도움이 될 수 있습니다. 환경보호는 나부터 작은 실천을 할 때 시작됩니다. 이러한 나의 이야기가 지구를 구하는데 도움이 될 수 있기를 바랍니다.

누구나 이렇게 진정성 있는 스토리를 완성할 수 있다. 잘 만들어진 하나의 스토리는 새롭게 창조된 나만의 길이며, 나의 경쟁 상대는 존재하지 않는다. 나의 분야에서는 오직 나만이 존재한다. 반드시 나만의 스토리가 있어야 하는 이유이다.

지금까지　　어떤 전문 분야를 선택할지,　　그 분야에 대한 지식을 어떻게 쌓아갈지,　　나의 스토리는 어떻게 완성할지까지 알아보았다. 지식창업자로서 새로운 시작을 할 준비 운동은 끝났다. 아직 이 3가지에 대해서 구체적으로 정해지지 않았다면, 다음 장을 넘기기 전에 종이와 펜을 들고 이를 적어보길 바란다.

10가지 유망한 전문 분야와 그것을 선택하는데 도움을 주는 10가지 질문

- 동기부여 : 나의 꿈을 이루고 동기부여 할 수 있는 5가지 비밀은 … 이다.
- 리더쉽 : 다른 사람을 이끌고 팀을 운영할 수 있는 5가지 비밀은 … 이다.
- 재무관리 : 효과적으로 돈을 관리할 수 있는 5가지 비밀은 … 이다.
- 사업 : 성공적인 사업을 위한 5가지 비밀은 … 이다.
- 마케팅 : 제품이나 브랜드를 성공적으로 마케팅하는 5가지 비밀은 … 이다.
- 인간관계 : 신뢰를 쌓고 인맥을 넓히는 5가지 비밀은 … 이다.
- 신앙 : 신과 영적으로 통할 수 있는 5가지 비밀은 … 이다.
- 심리 : 스트레스를 효과적으로 조절하는 5가지 비밀은 … 이다.
- 예술 : (예) 피아노를 잘 칠 수 있는 5가지 비밀은 … 이다.
- 기술 : (예) 코딩을 빠르게 배울 수 있는 5가지 비밀은 … 이다.

어떤 분야가 가장 당신의 관심을 끌어당기는가. 어떤 분야가 당신이 평생 배우고 발전하며 사람들에게 도움을 주고 싶은 분야인가.

나만의 분야를 고르는 것이 지식창업자로서 나아가는 첫 번째 발걸음이 된다.

전문 분야에 대한 지식을 쌓는 방법

가장 관심이 가고 흥미로운 분야를 선택했다면, 그 분야에 대한 전문적인 지식을 쌓기 위해 반드시 대학이나 대학원에 들어갈 필요는 없다. 중요한 것은 내가 얼마만큼 사람들의 삶에 도움이 되는 지식을 가지고 있느냐이다. 이러한 지식을 쌓기 위해서는 관련 분야에 대한 책을 읽고, 해당 분야에서 성공한 사람들을 인터뷰하며, 관련 강연과 유튜브 영상을 지속적으로 공부해나가는 것이 필수적이다.

다시 한 번 이야기하지만, 부동산 투자를 할 때 부동산을 전공한 박사님과 부동산 투자에 관한 수많은 책을 읽고, 실질적으로 부동산 투자에 성공한 많은 사람들을 인터뷰해서 자신만의 노하우를 쌓은 사람 중에서 어떤 사람에게 조언을 얻고 싶은가. 나는 망설임 없이 후자를 택하겠다.

나는 지식창업자라는 분야의 전문가가 되기 위해 '지식'과 '성공', '돈', '부자', '경제'가 키워드인 책을 300권이 넘게 읽었다. 주변 지인의 소개와 SNS를 통해서 성공한 기업가들을 만났고, 그들의 삶의 스토리를 경청했다. 내 경험에 따르면, 대부분의 성공한 사람들은 기꺼이 꿈과 열정이 있는 사람들을 만나고자 하며 조언을 아끼지 않는다는 것이다. 또한 TED, 세상을 바꾸는 시간 15분, 온오프믹스를 통해 강연도 듣고, 유튜브 영상도 보면서 내가 가진 지식을 계속해서 발전시켜나갔다.

전문 분야에 대한 지식은 하루아침에 쌓이지 않는다. 지식은 경험과 결합될 때 강력한 시너지 효과를 발휘한다. 최소한 6개월의 시간 동안 꾸준히 한 분야에 대한 지식을 쌓은 사람만이 그 분야의 전문가로서 활동할 수 있다. '꾸준함'과 '성실함'은 성공의 가장 기본적인 요소이다. 이는 지식창업자로 성공하는데도 동일하게 적용된다. 지식창업자로 성공하기 위해서는 반드시 성실하고 꾸준하게 전문 분야의 지식을 쌓아가야 한다.

성공적인 스토리를 완성하는 4가지 질문

1. 당신은 누구입니까?
2. 당신은 어떤 문제가 있었으며, 어떻게 그 문제를 극복했습니까?
3. 당신은 그 과정에서 무엇을 발견했습니까?
4. 당신의 이야기가 나의 삶에 어떻게 연관될 수 있습니까?

당신은 스토리를 통해 자신만의 분야에서 특별한 사람이 될 수 있다. 스토리는 같은 고민을 가진 사람들과 공감대를 형성하고, 당신의 이야기를 들으려는 사람들을 끌어당긴다. 이를 통해 당신은 당신의 이야기를 듣는 많은 사람들이 삶의 어려움을 극복하고, 더 빠른 시간 내에 성공의 길에 다가갈 수 있도록 도와줄 수 있다. 이 외에도 스토리가 가진 마력은 당신의 상상을 초월한다.

세상을 움직이는 법칙은
생각보다 간단하다

**"나는 감미로우면서도 단순한 일들이
진정 위대한 것이라는 사실을 깨닫기 시작했다."**

— 로라 잉걸스 와일더

새해 계획을 세운 사람 중에서 1년 뒤에 목표를 이루는 사람은 10%
도 채 되지 않는다. (연구에 따르면 약 8% 정도의 사람들만이 새해 목표를 이룬다고 한
다.) 목표를 이루기 위해서는 누구나 할 수 있는 '아주 작은 목표'를 세우는
것이 좋다. 운동을 하고자 한다면 '하루 1개 팔굽혀펴기'를 목표로 하고,
영어 공부를 하고자 한다면 '하루 1개 단어 외우기'를 목표로 하는 것이
다. 하나의 목표를 세우고 성취하면, 더 큰 목표를 이룰 수 있는 힘이 생긴
다. 지속적으로 목표를 이루다 보면 나면 스스로에 대한 믿음이 생긴다.
이러한 믿음은 성공과 혁신의 강력한 동력이 된다.

UCLA 의과대학에서 22년간 수행한 연구에 따르면 "목표를 달성하

는 유일한 길은 작은 일의 반복이다." 우리의 결심이 성공할 확률은 8%에 불과하다. 결심한 사람들의 1/4은 1주일 안에 포기하고, 30일이 지나면 절반이 포기한다. 왜 결심은 이토록 짧게 지속되고 마는가?

UCLA 의대 교수인 로버트 마우어 박사는 계획의 설계가 잘못됐기 때문이라고 말한다. 우리의 뇌는 갑작스러운 변화를 생존에 대한 위협으로 받아들이기 때문에 모든 변화는 아주 작고, 가볍고, 부담이 없어야 한다는 것이다.

이와 같이 성공하고자 하는 사람은 '작고, 가벼운, 누구나 할 수 있는 목표'를 세우고 이를 반복적으로 성취해나가야 한다. 결과는 과정으로부터 나온다. 반드시 지속적이고 반복적인 목표 성취의 과정이 있어야 성공이라는 결과를 얻을 수 있다. 이는 세상을 움직이는 가장 단순한 원리이다. 이 원리를 깨달으면 어떠한 목표도 성취할 수 있다. 돈을 벌고자 한다면, 오늘 하루 100원을 모아야 한다. 전문 지식을 쌓고자 한다면, 오늘 하루 책 한 장을 읽어야 한다. 지식창업자로 성공하고자 한다면, 3가지 가치를 중심으로 목표를 세워야 한다.

첫 번째 가치는 '차별화'이다.

차별화는 유일하고, 특별한 가치를 전해주는 사람이 되는 것이다. 당신이 지속적으로 다른 사람들에게 차별화된 스토리와 지식을 전달해준다면, 당신은 다른 사람이 꿈꾸는 성공적인 지식창업자가 될 것이다.

두 번째 가치는 '탁월함'이다.

탁월함은 당신의 고객을 관리하고, 전문 지식을 쌓는데 있어서 최선의 노력을 기울이는 것이다. 그렇게 함으로써, 같은 분야에 있는 다른 사람보다 더 뛰어난 가치를 전달하는 것이다. 이것은 당신의 분야에 있어서 최고master가 되고 리더가 되는 것을 의미한다.

세 번째 가치는 '서비스'이다.

서비스는 지식창업자에게 가장 중요한 가치이다. 고객에게 더 큰 가치와 서비스를 전달할수록 더 큰 신뢰가 쌓인다. 지속적인 신뢰가 쌓이면, 나를 따르는 많은 사람들이 생긴다. 점점 더 큰 영향력을 가지게 되는 것이다. 영향력은 지속적인 수익을 창출하고, 새로운 기회들을 만들어낸다.

지식창업자로서 성공하기 위해서는 반드시 '차별화', '탁월함', '서비스'라는 가치를 기억해야 한다.

나는 어떻게 성공할 것인가에 대한 답을 찾기 위해서 매일 책을 읽었다. 시간이 없는 날에는 핸드폰으로 책을 찍어서 이동하는 동안 단 한 장이라도 읽었다. 성공하고자 한다면 작은 목표를 지속적으로 성취해야 한다.

사람들은 대부분 결과를 본다. 하지만, 성공한 사람들은 그 결과 뒤에 숨은 노력을 본다. 나는 지금까지 수많은 사람들에게 이 책에 나온 성공의 8단계를 소개했다. 그러나 실제 성공한 사람은 많지 않다. 꾸준히 실천하지 않았기 때문이다. 성공하기 위해서는 실천하는 노력이 반드시 필요하다. 그것도 '지속적인 실천'이 필요하다. 이것이 세상을 움직이는 가장 위대한 성공의 원리이다.

다음은 내가 2016년 1월에 세웠던 목표들이다. 나는 반드시 지키기 위한 목표들을 세웠다. 이를 내가 아는 사람들에게 공개하고, 지키겠다고 선언했다. 그리고 하루에 한 개 이상 실패할시, 천 원씩 벌금을 내서 매달 말에 사랑하는 사람들에게 선물을 사주겠다는 약속도 했다.

1. 하루 5분 책을 읽는다.
2. 하루 한 개 팔굽혀펴기를 한다.
3. 하루 한 개의 영어 문장을 외운다.
4. 하루 한 번씩 나의 꿈과 목표를 생각한다.
5. 하루 한 문장의 글을 쓴다.
6. 하루에 한 번의 칭찬을 한다.

나는 매주 이 목표에 대해 정리했다. 한 달마다 사랑하는 사람들에게 소소한 선물도 전달했다. 1년간 평균적인 목표 달성률은 92%였다. 내가 만약에 '하루 2시간씩 헬스장에서 운동하기'와 같은 목표를 세웠다면 나는 실패했을 확률이 높았을 것이다. 하루 1개의 팔굽혀펴기를 하기 위해 바닥에 엎드리다 보니, 자연스럽게 10개도하고 30개도 하게 되었다. 매일 칭찬을 하려고 관심을 갖고 살펴보니, 사람들의 단점이 아닌 장점을 찾기 시작했다. 목표를 이뤄가면서 나는 매일 모든 면에서 조금씩 나아지고 있다는 생각이 들었다.

1년간 목표를 달성하기 위해 계획을 세우고, 사람들에게 선언한 뒤에, 나는 어떤 경우라도 예외를 두지 않기 위해 노력했다. 감기와 장염으로 몸이 무척 아팠던 날을 제외하고, 나는 12시가 지나기 전에 그날 해야 할 일들을 끝내고자 했다. 무기력함과 슬럼프가 찾아올 때에도 5분의 독서가 갖는 힘은 굉장했다. 나를 동기부여 시켰고, 새로운 아이디어를 주었으며, 다시 시작할 수 있는 용기를 주었다. 1년이 지난 뒤, 나에게는 '할 수 있다'라는 자신감과 매일 매일의 계획들이 가득 적힌 6권의 다이어리가 남았다.

작은 목표를 성취해 본 사람은 큰 목표를 이룰 수 있다. 그 목표까지 가는 길을 알고 있기 때문이다. 아무리 작은 목표라도 그것을 이루기 위해서는 나와의 싸움에서 이겨야 한다. 세상에서 가장 힘든 싸움은 자기 자신과의 싸움이다. 매일 아침 일어날 때부터 자신과의 싸움이 시작된다. 침대 위에서 '5분만 더 잘까?'라고 생각하는 나를 이겨내고, 밖으로 나갈 때 특별한 삶이 시작된다. 나는 매일 나와의 싸움을 하며 나를 이기는 습관을 만들고 있다. 이를 통해 작은 목표들을 성취했고 나의 목표는 더욱 크고 많아졌다. 이 책을 출간하는 것도 그 목표 중에 하나이다. 당신이 이 책을 보고 있다면, 나는 올해 세운 목표를 하나 이룬 것이다.

Chapter 02.

삶의 무대를 바꿔라

누가 당신의 삶을 소유하고 있는가

"현재의 우리를 이해하기 전까지, 미래의 우리를 향해 나아갈 수 없다.**"**
― 샬럿 길먼

많은 사람들이 매일 아침 6시 전후에 잠자리에서 일어나서 사람들로 가득 찬 지하철을 타고 회사로 출근한다. 회사에 도착하여 커피 한 잔하고, 상사에게 제출하기 위한 보고서와 기획서를 작성하고, 정신없이 미팅을 하다 보면 어느새 저녁 시간이다. 팀 회식까지 참여하고 나면, 하루가 지나간다. 간혹 친구들과 만나면 술 한 잔하고 회사에 대한 불만을 이야기하고, 서로의 힘든 삶에 대해 이야기를 하고, 요즘 만나는 이성에 대해서 이야기 하다가 각자의 집으로 되돌아간다. 삶을 바쁘게 살아가다 보면, 오늘 하루는 어땠는지 되돌아보며 생각할 시간이 없다. 매일 반복되는 일상 속에 놓인 직장인들의 삶은 더욱 그러하다.

가만히 앉아서 하루의 일상을 머릿속으로 생각해보면, 과연 나는 삶을 나의 의지대로 이끌고 있는가? 라는 의문이 들 때가 있다.

　　나는 방송사에서 인턴으로 입사해서 일을 한 경험이 있다. 취업을 하여 바쁜 스케줄에 맞춘 회사생활을 하다 보니 필연적으로 내가 선택할 수 있는 시간과 자유가 줄어들었다. 시간과 선택의 자유가 줄어들자, 소통이 줄어들고 지금까지 나름대로 구축해 놓은 인간관계가 느슨해지기 시작했다. 잦은 회식과 술 문화로 인해서 건강은 나빠지고, 운동하는 시간은 줄어들었다. 행복하지 않았다. 이대로 10년, 20년을 보낸다고 생각했을 때 희망적이지 않았다. 나는 결단을 해야 하는 순간에 이르렀다. 많은 반대가 있었지만 나는 회사를 그만두었다.

　　그러자 나는 새로운 일을 할 수 있는 에너지가 생겼다. 시간이 늘어나자, 어떤 삶을 살아갈지 생각할 수 있는 여유가 생겼다. 나는 직장에 들어감으로써 성공할 수 있다고 생각했지만, 그것은 착각이었다. 우선 내가 행복하지 않았다.

　　나는 어떻게 하면 성공할 수 있는지를 찾기 위해 더 치열하게 책을 읽고, 사람을 만났다. 내가 만난 성공한 사람들은 자신만의 길을 개척해 나간 사람들이 대부분이었다. 사람은 자신이 주인이 된 삶을 살 때 진정한 행복을 느낄 수 있음을 그들을 통해 느낄 수 있었다. 치열한 고민 끝에, 나는 지금 당장 시작할 수 있는 지식창업자로서의 삶을 시작했다.

　　세계적인 베스트셀러 《부의 추월차선》에 따르면, 진정한 부와 행복은 3가지가 충족될 때 나온다고 기술하고 있다. 그 3요소는 가족(Family, 관계), 신체(Fitness, 건강), 그리고 자유(Freedom, 선택)를 말한다. 이러한 3F가 충족될 때 진정한 부와 행복을 느낄 수 있다고 한다. 여기서 자유란 스스로 선택할 권리를 가지는 것이다. 자신의 길을 스스로 선택할 권리는 우리가 가진 가장 성스럽고 위대한 특권이다.

그 당시 내가 가장 잘 할 수 있는 것은 영어였다. 세상에 영어를 잘하는 사람은 너무 많다. 하지만 나는 영어를 잘 가르치는 사람을 목표로 했다. 나는 유학을 다녀온 경험도 없고, 영어 전공자도 아니다. 대한민국에서 영어를 가장 잘하는 사람은 물론 아니었지만, 앞으로의 노력여하에 따라 영어를 가장 잘 가르치는 사람은 될 수 있다고 생각했다. 나는 내가 가진 가능성과 잠재력을 믿었다.

나는 매일 1개씩 TED 강의를 보며 강의하는 방법에 대해 연구했다. 제스처, 발음, 콘텐츠, 말하는 속도. 강의에 관한 수많은 책들을 보면서 내 강의를 듣는 사람들을 만족하게 하는 강의를 기획하는 방법에 대해서 연구했다. 유명한 스타 강사들의 강의도 2번, 3번씩 반복해서 보았다. 그러다 보니, 자신감이 생기고 나만의 강의 스타일이 생겼다. 처음에는 1명을 두고 과외를 했던 내가, 나중에는 100명을 앞에 두고 영어 강의를 하는 무대에 올라갔다. 나에게는 굉장히 큰 성장이었다.

강의를 하면서 책을 통해 어떻게 나만의 콘텐츠를 만들고, 브랜딩하고, 마케팅하는지를 배워나갔다. 책에는 나를 특별하게 만들어줄 수많은 지식들이 숨어있었다. 나는 이 모든 것들을 내 삶에 적용하고, 실천하고, 지속하면 성공할 것이라고 생각했다. 다른 사람들이 해냈다면, 나도 해낼 수 있을 것이라고 믿었다. 많은 책을 읽고, 많은 사람들을 만나다 보니 회사를 다닐 때처럼 시간이 부족했다. 하지만 행복했다. 나는 내 일을 하고 있는 것이었다. 나는 치열한 과정을 통해 누구나 성공할 수 있는 원리를 찾았고, 이 책을 통해 그것을 누구나 따라 할 수 있는 8단계로 정리했다.

내가 변화하기 시작하자, 내 주변 사람들도 변화하기 시작했다. 나는 어떻게 성공할 수 있는지 사람들에게 알려주기 시작했다. 그러다 보니, 나와 같은 꿈을 꾸는 사람들이 내 주위로 모였다. 끌어당김의 법칙이 어김없이 나타났다. 현재 각자 분야는 다르지만, 지식창업자로서 자신만의 삶을 살아가는 사람들과 함께 일하고 있다.

자신이 주인이 된 삶을 살아간다면, 자신이 의도한 그대로의 결과를 얻을 수 있다. 위대한 잠재력에 도달할 기회를 얻게 되는 것이다. 인생에서 우리가 시도해볼 수 있는 가장 가슴 뛰는 모험은 바로 자기 자신만의 인생을 사는 것이다. '선택은 언제나 내가 하겠다.'라고 결심한 그 순간부터 누구나 삶이라는 무대 위의 주인공이 된다. 이때 삶은 기적이 되며, 매일 매일이 축제의 연속이다.

내가 생각하는 내 삶은, 1년 뒤가 설레고 10년 뒤를 기대한다. 어떤 사람들과 어떤 새로운 기회들을 만날지 기대되기 때문이다. 내가 생각하고 추구하는 길에 어떤 길이 기다리고 있을지 설렌다. 하지만 그 길은 온전한 자유와 행복의 길임을 의심하고 싶지 않다. 나는 지금 진정한 행복과 자유를 느끼며 살아가고 있다. 이 책을 읽고 있는 당신에게 묻고 싶다. 누가 당신의 삶을 소유하고 있는가.

어떻게 돈을 벌어들일 것인가

"시간은 인생의 동전이다. 다른 동전은 없다.
당신만이 그 동전을 어디에 쓸지 정할 수 있다.**"**

— 칼 샌드버그

돈을 어떻게 벌어야 하는지를 잘 보여주는 유명한 우화가 있다.

위대한 이집트 파라오가 젊은 조카 추마와 아주르를 불러 신성한 임무를 맡겼다. 그들에게 맡겨진 임무는 조국을 위해 기념비적 피라미드 2개를 지어 바치라는 것이었다. 각자의 피라미드가 완성되면, 그 즉시 왕자의 지위와 수많은 재물을 주겠다고 약속했다. 단, 피라미드는 반드시 혼자 완성하는 것이 조건이었다. 그들은 파라오의 집무실을 나와 피라미드를 짓는 일에 돌입했다.

아주르는 즉시 일을 시작했다. 크고 무거운 돌들을 끌어다가 천천히 사각 대형을 만들기 시작했다. 몇 달이 지나자 아주르의 피라미드는 토대를 갖추었다. 마을 사람들은 아주르의 곁에 모여 그의 탁월함을 칭송했다. 하지만 추마의 피라미드가 서야 할 자리는 계속 빈자리로 남아있었다. 옮겨진 돌이나 기초 작업도 이뤄지지 않은 채 1년 전과 다름없이 그대로 남아있었다. 혼란스러워진 아주르는 추마의 집에 찾아갔다. 추마는 헛간에서 무언가 열심히 만들고 있었다. 아주르가 말했다.

"추마, 도대체 뭘 하고 있는 거야? 피라미드를 만들 생각은 하지도 않고 여기 갇혀서 이상한 기계나 만지작거리면서 시간을 보내고 있다니!" 추마는 아주르를 쳐다보며 말했다. "난 지금 피라미드를 만드는 중이야. 날 그냥 놔둬." 아주르는 코웃음을 쳤다. "그래, 그러시겠지. 1년 동안 돌 하나 쌓지 못한 주제에!"

추마는 아주르의 비난에 미소를 띠우며 말했다. "아주르, 너는 욕심 때문에 멀리 내다보지 못하고 있어. 너는 네 피라미드나 신경 써. 나는 내 피라미드에 신경 쓸 테니."

아주르는 추마가 정신이 나간 게 틀림없다고 생각하며 밖으로 나왔다.

또다시 한 해가 지나자 아주르는 기초 공사를 마무리하고 다음 층을 쌓기 시작했다. 그러나 한 가지 문제가 생겨 일을 진행하기가 어려웠다. 돌이 너무 무거워서 피라미드의 두 번째 층까지 끌어올릴 수가 없었던 것이다. 신체적 한계를 느낀 아주르는 자신의 약점을 깨달았다. 시간이 갈수록 아주르의 피라미드 건축 속도는 너무나 느렸기 때문에 도무지 진척될 기미가 보이지 않았다. 돌 하나를 옮기는데 한 달이 걸릴 때도 있었다.

하지만 아주르는 이렇게 당당히 외쳤다.

"추마는 나를 절대로 따라올 수 없을걸. 아직 돌 하나도 쌓지 못했으니 말이야."

그러던 어느 날, 아주르가 땀을 뻘뻘 흘리며 무거운 돌을 피라미드 위로 끌어올리고 있는데 갑자기 추마의 공터에서 소란스러운 소리가 들리기 시작했다. 추마는 지지대, 바퀴, 지렛대, 밧줄 등이 복잡하게 얽힌 8m에 달하는 거대한 기계를 천천히 옮기고 있었다. 추마가 만든 거대한 기계는 몇 분 안에 무거운 돌을 번쩍 들어 올려 피라미드의 기초를 쌓기 시작했다. 아주르는 눈앞의 광경을 믿을 수가 없었다. 추마의 기계는 추마의 조작 외에는 다른 어떤 노력도 필요로 하지 않았다. 밧줄과 기어 장치에 연결된 바퀴를 돌리기만 하는데도 무거운 돌들을 마술처럼 빠르게 옮기고 있었던 것이다.

두 번째 층은 더욱 충격적이었다. 추마가 만든 기계는 아주르보다 10배나 더 빠른 속도로 피라미드를 쌓아 올라갔다. 40일이 지나자 추마는 아주르가 3년간 해놓은 작업을 따라잡았다. 아주르가 무거운 돌을 옮기느라 몇 년을 보내는 사이, 추마는 그 일을 손쉽게 해낼 기계를 발명한 것이다.

추마는 27살의 나이에 피라미드를 완성했다. 기계를 만드는데 3년이 걸렸고, 기계를 활용해서 피라미드를 완성하는데 1년이 걸렸다. 아주르는 자신의 잘못된 방식을 인정하지 못하고 고통스러운 인생을 살아갔다.

이 우화는 나에게 많은 것을 깨닫게 해주었다. 나는 추마와 같은 삶을 살고자 했다. 매월 일정한 급액의 월급이 통장으로 입금되는 사는 삶이 아니라, 스스로 삶의 주인이 되어 내 가치에 따라 돈을 벌어들이는 삶을 살고자 했다. 추마와 같은 삶을 살기 위해서는 나만의 콘텐츠를 만들고, 브랜딩 하고, 마케팅을 하는 과정이 필요하다.

그 과정은 어렵고 지루하다. 매달 일정한 돈이 나오는 것도 아니고, 바로 성과가 드러나는 것도 아니기 때문이다. 빠르게 취업해서 매달 일정하게 월급을 받는 친구들이 부러울 수도 있다. 하지만 한 번 나만의 콘텐츠를 만들고, 브랜드가 완성돼서 사람들에게 알려지기 시작하면, 자신만의 돈 버는 시스템이 창조된다는 것을 깨달았기 때문이다.

나는 나만의 콘텐츠를 만들어냈다. 지식 산업에서 성공한 사람들을 인터뷰하고, 영어 분야에서 쌓아온 지식과 경험을 바탕으로 기존의 콘텐츠를 지속적으로 업데이트했다. 콘텐츠를 만들고, 이를 SNS를 통해 많은 사람들에게 알렸다.

〈세움스쿨〉을 통해 1,000명이 넘는 수강생이 배출되고, '벤처큐브', '퍼스널 뮤직', '퍼플카우', 'M—BUCKS', '마이더스'라는 성공적인 지식창업자들이 탄생했다. 이러한 성공적인 지식창업자들과 함께 활동함으로써 나는 한 단계 더 성장할 수 있었다.

하지만 내가 처음 강의를 열었을 때, 내 강의를 듣고자 하는 수강생이 단 한 명도 없었다. 나는 좌절하기보다는 내가 무엇을 잘못했는지부터 생각해보기 시작했다. 그래야 실패로부터 배울 수 있기 때문이다.

서점에 가서 SNS에 관한 책을 모조리 구매한 뒤 한 달 동안 그 책들을 읽으면서 나의 미숙함을 깨우쳐나갔다. SNS에 어느 정도 자신감이 생기고 나자, 나는 인간관계와 설득에 관한 책들을 사서 읽었다. 책을 통해 배운 사실들을 적용하면서 오프라인을 통해 인맥을 넓히고 내 강의를 알리기 시작했다.

그 효과는 극적이었다. 첫 달에 단 한 명도 찾아오지 않던 강의가, 두 번째 달에 3명, 세 번째 달에 5명으로 조금씩 늘기 시작하더니 1년이 지나가자 100명을 앞에 두고 강의를 하는 무대에 서게 되었다. 단 한 사람이라도 내 강의를 들으려는 사람이 있으면, 나는 목숨 걸고 강의했다. 나는 내가 알고 있는 모든 노하우와 경험을 강의에 쏟아부었다. 돈은 저절로 따라왔다.

나는 이를 통해 한 가지 사실을 배웠다. 포기하지 않으면, 시련은 있어도 실패는 없다는 사실이다. 아니, 오히려 포기하지 않으면 성공은 100% 확실한 것이다.

추마가 거대한 기계를 만들기 위해 3년을 노력한 것처럼, 성공적인 지식창업자가 되기 위해서는 기나긴 과정과 역경을 견뎌야 한다.

카네기 멜론 대학의 랜디 포시 교수는 말기 암 진단을 받고 자신의 마지막 강의에서 다음과 같이 말했다.

"역경이 존재하는 이유가 있습니다. 역경은 우리를 몰아내기 위해 존재하는 것이 아니라, 우리가 무언가를 얼마나 간절히 원하는지 깨달을 수 있는 기회를 주기 위해 있는 것입니다. 그것을 충분히 간절히 원하지 않는 사람들에게 역경은 그만 하라고 말합니다. 역경은 그런 사람들을 단념하도록 하기 위해 존재합니다."

역경은 또한 우리를 단련시키는 선물이자, 성숙의 발판이다. 성공적인 지식창업자가 되기 위해서는 반드시 거쳐야 하는 과정인 것이다. 삶은 스스로 겪은 모든 경험들로 채워진다. 그 경험이 부정적인 경험이든, 긍정적인 경험이든 누구나 가진 아름다운 색깔로 삶이라는 캔버스를 채워나간다. 그리고 아름다운 색을 칠할 붓을 움직이는 것은 바로 당신이다.

이러한 역경을 이겨내고 붓을 움직이기 시작하면 시스템이 돈을 벌어들인다. 당신의 강의와 책, 고객 컨설팅과 제품 그리고 인맥이 살아 움직이는 돈 나무Money Tree로 바뀌게 된다. 10년 뒤 당신의 삶과 또래 친구들의 삶은 상상할 수 없을 정도로 달라져 있을 것이다. 마지막으로 오프라 윈프리가 했던 말을 들어보자.

"내가 확실히 아는 것이 있다면 고난과 역경과 저항 없이는, 그리고 종종 고통 없이는 강인함이란 존재하지 않는다."

올바른 선택을 위한 의사결정 매트릭스

"당신의 인생은 당신이 선택한 결과이다."

— 로버트 베넷

사람은 서면 앉고 싶고, 앉으면 눕고 싶어 하는 존재다. 반면 그중에는 앉고 싶어도 서 있는 사람이 있고, 눕고 싶어도 앉아있는 사람이 있다. 보편적인 인간의 본성을 거부하는 것이다. 지금 서 있는 자신의 위치는 자신이 만든 것이다. 자신만이 자신을 선택을 하는 것이다. 그 결과가 지금의 당신이다. 가난하게 태어나는 것은 내 잘못이 아니지만, 가난하게 죽는 것은 내 잘못이다.

나는 가난하게 태어났지만, 가난하게 죽고 싶지 않았다. 나는 성공하겠다고 결심했다. 성공에 걸림돌이 되는 유혹들을 과감하게 끊어내는 결단을 했다. 평범한 삶을 거부하고 치열한 삶을 선택했다. 가난해지겠다고 결정하는 사람은 없다. 단지 잘못된 결정이 모여서 가난이라는 퍼즐을 완성할 뿐이다. 나는 우선 내 삶을 통제할 권한을 다른 사람에게 주지 않았다. 회사, 친구, 부모님 그 밖의 모든 형태의 타인에게 내 삶의 권한을 넘기지 않았다.

누구나의 선택은 누구나의 미래에 막대한 영향을 끼친다. 우주로 로켓을 발사할 때 0.1도만 각도가 어긋나도 그 결과는 성공과 실패라는 엄청난 차이를 낳는다. 잘못 내린 결정이 현재에는 궤도에서 0.1도 정도 어긋날지 모르지만, 10년 뒤에는 엄청난 결과를 낳을 수 있다. 선택은 이처럼 시간이 지남에 따라 그 차이가 크게 벌어지는 특성이 있다. 이를 '영향격차Impact Differential'라고 한다.

가난하기 때문에 나는 공부를 포기했다면 내 인생은 완전히 달라졌을 것이다. 내가 만약 지식창업자로서의 삶이 아니라, 대기업에 취직하거나 로스쿨에 입학하는 삶을 살았다면 내 인생은 지금과는 180도 달라졌을 것이다. 선택이 가진 마력은 굉장하다. 스스로 결정하는 수많은 작은 선택들이 우리의 삶을 결정한다. 산의 정상에 오르는 길이 많듯이, 인생의 성공의 길은 그것보다 상상할 수 없을 정도로 많다. 지금 당신의 선택은 당신의 미래에 중대한 영향을 미친다. 젊으면 젊을수록 선택의 마력은 더욱더 커진다.

나는 모두가 똑같이 살아가는 삶이 아니라, 나만의 특별한 삶을 선택했다. 학교를 졸업해서 회사에 취직하고 결혼해서 아이를 낳는 삶이 아니라, 지식창업자로서 나만의 특별한 삶의 무대를 만들고 싶었다. 없던 길을 창조하고, 성공의 원칙들을 정립하고 싶었다.

나는 어느 날, 월급으로 일정한 급액의 돈을 수령하는 나의 노동력에 대한 의문이 들었다. 왜 한 달에 천만 원, 일억, 그 이상씩 벌 수는 없는 걸까? 나는 안 되는 걸까?

이런 의문점을 해결하기 위해 성공한 사람들의 이야기를 듣고, 책을 읽고, 그들을 만나보니, 그들은 나와 같은 생각을 했던 사람들이었다. 그들은 과감히 선택하고, 지체 없이 실행에 옮긴 사람들이었다. 시간이 흐를수록 새로운 선택을 하는 것이 어려워진다. 과거의 선택으로 인한 영향으로부터 벗어나는 것도 어려워진다. 인생은 나무와 같다. 묘목이던 나무는 스스로 심어질 땅을 선택할 수 없지만, 그 땅에서 이미 뻗어난 뿌리와 가지는 스스로 자라나는 방향을 바꿀 힘이 없다. 이미 무수한 세월 반복적인 습관으로 두꺼워져 버렸기 때문이다.

삶은 수많은 선택의 문제들로 가득 차 있다. 세수를 먼저 할 것인가, 양치를 먼저 할 것인가라는 무의식적인 선택에서부터, 도전하는 삶을 살아갈 것인가, 안정적인 삶을 살아갈 것인가에 이르기까지 다양한 선택지가 주어진다. 이러한 선택지를 풀어내기 위해서는 스스로의 확고한 기준이 필요하다. 하루는 도전하는 삶을 살고 싶어 하다가도, 다음 날이면 그대로 살고 싶은 생각이 드는 것이 사람이다. 지식창업자로 자신의 삶을 변화하기 위해서는 다음과 같은 점검이 필요하다.

나는 회사에 취업하는 것과 지식창업자로서 길 사이에서 많은 고민을 했다. 그 고민을 해결하기 위해 하얀 종이 위에 다음과 같이 적었다.

우선 하얀 종이 위에 결정을 내리는데 중요하게 작용하는 요인들을 적었다.

요인	회사 취업	지식 창업
일과 여가의 균형		○
하루에 일하는 시간		○
성공하기까지 걸리는 기간		○
성공할 가능성		○
10년 후 내 모습		○
은퇴 후 활동 가능성		○
버는 돈		○
내가 좋아하는 일		○
삶에 대한 통제력		○

나에게는 삶에 대한 통제력이 가장 중요한 요인이었다. 회사에 취업하는 것과 지식창업 중 내가 주체적으로 일할 수 있는 분야에 집중했다. 내가 지식창업자로 전문 지식을 쌓고자 했던 영어와 강연분야는 내가 좋아하는 일이다. 수입도 나만의 콘텐츠가 쌓이고, 브랜드가 알려지기 시작하면 강연과 저술, 컨설팅과 제품 판매를 통해 많은 수익을 발생시킬 수 있다고 생각했다. 먼 훗날, 성공한 지식창업자로서 존경받으며 책을 쓰고 강연을 할 수 있는 삶을 생각했다.

나는 10년 후의 내 모습이 기대되고 가슴 뛴다. 회사의 임원이 되는 것보다 더 큰 성공 가능성을 가지고 있으며, 성공하기까지 걸리는 기간과 노력도 줄일 수 있다고 생각했다. 나만의 콘텐츠가 완성되기까지 일정기간 동안 많은 노력과 시간이 들겠지만, 그 과정을 지나고 난 뒤에는 일과 여가의 균형을 조화롭게 유지하면서 자유롭고 행복하게 일할 수 있는 것에 주안점을 두고 기획했다.

나는 이 표를 만들고 나서 어떠한 상황에도 흔들리지 않게 되었다. 내 선택에 확실한 근거가 생겼다. 나는 항상 집에다 내가 이루고 싶은 꿈과 목표를 크게 써서 붙여둔다. 나는 지식창업자로서의 삶을 시작하고 나서부터 매일 아침마다 이 표를 큰 소리로 읽는다. 시각화가 가진 힘은 위대하다. 꿈을 현실로 만들고, 목표를 성취하도록 동기부여 한다.

당신이 가진 무한한 잠재력과 가능성을 실현시키는 위대한 비밀은 바로 여기에 있다. 삶을 살아가면서 선택의 상황에 직면할 때, 이 의사결정 매트릭스는 큰 도움을 줄 것이다. 지금, 반드시 시간을 내서 당신이 고민하는 문제들을 하얀 종이위에 기록하고 실천하기 바란다.

실행하는 사람이 모든 것을 소유한다

> **"**만일 한 젊은이가 오늘 당신에게 무엇을 하고 싶다고 말하고,
> 3년 후에도 여전히 그것을 하고 싶다고 버틴다면
> 당신은 그 젊은이에게 기회를 줘야 한다.**"**
>
> ― 마윈

'친구와 어울리며 옆구리가 찌릿하도록 웃은 적이 언제쯤인가?

만약 내일 당신의 인생이 끝난다면, 무엇을 후회하겠는가?

오늘이 인생의 마지막 날이라고 해도 지금과 똑같은 하루를 보내겠는가?'

이러한 질문은 삶을 다시 한 번 되돌아볼 수 있는 기회를 준다.

이 세상에서 가장 부유한 곳은 바로 '무덤'이다. 그곳에는 아직 실행되지 않은 수많은 아이디어와 꿈, 이상들이 묻혀있다. 많은 사람들이 아이디어만 가지고 삶을 살아간다.

'저거, 내가 생각했던 건데'라는 말은 아무런 의미가 없다. 당신이 생

각하는 수많은 아이디어들은 다른 사람들도 생각한 것이다. 핵심은 누가 실행하느냐이다. 실행하는 자가 모든 것을 소유한다.

나는 아버지가 신장 이식 수술을 하며 죽음의 순간에 다가가는 것을 경험했다. 삶의 마지막 순간에 내가 얼마나 많은 돈을 가지고 있는지, 내가 타는 차가 무엇인지, 내가 얼마나 좋은 집에 살고 있는지는 중요하지 않다.

"만약 내가 그렇게 했더라면…", "한 번 뿐인 삶인데 내가 좋아하는 일을 하며 살았다면 행복하지 않았을까?"

죽은 그 사람의 무덤. 그 속에는 이런 아쉬움이 남아있지 않을까?

나는 세상을 지배하는 원리는 자신의 생각을 실행하는 자가 모든 것을 소유한다고 생각한다. 생각을 실천에 옮기지 못하는 이유는 셀 수 없이 많다. 하지만 중요한 것은 그럼에도 불구하고 그것을 해냈다는 사실이다.

나는 머리가 좋지 않았기 때문에 공부를 포기할 수도 있었다. 나는 가난했기 때문에, 성공을 꿈꾸지 않을 수도 있었다. 나는 돈이 부족했기 때문에, 바로 취업을 할 수도 있었다. 하지만 그럼에도 불구하고 나는 나만의 특별한 삶을 선택했다. 나에게는 남들보다 좀 더 특별한 성공에 대한 절실함이 있었다.

마윈은 볼품없는 외모로 사람들에게 외면받고, 수많은 실패를 겪었다. 그럼에도 불구하고 그는 위기를 기회로 삼아 중국 최대 전자상거래

기업 알리바바를 설립하고, 중국에서 가장 영향력 있는 기업인으로 활동하고 있다. 마윈은 다음과 같이 이야기했다.

"세상에서 같이 일하기 가장 힘든 사람들은 가난한 사람들이다. 작은 비즈니스라고 하면 돈을 별로 못 번다고 이야기하고, 큰 비즈니스라고 하면 돈이 없다고 한다. 새로운 걸 시도해보자고 하면 경험이 없다고 하고, 전통적인 비즈니스라고 하면 어렵다고 한다. 상점을 같이 운영하자고 하면 자유가 없다고 한다. 자유를 주면 함정이라고 하고, 신사업을 시작하자고 하면 전문가가 없다고 한다. 가난한 사람들에게는 공통점이 있다. 희망이 없는 친구들에게 의견 듣는 것을 좋아하고, 자신들은 대학교 교수보다 더 많은 생각을 하지만 장님보다 더 적은 일을 한다. 그들에게 물어보라. 무엇을 할 수 있는지. 그들은 대답할 수 없다. 내 결론은 이렇다. 당신의 심장이 빨리 뛰는 대신 행동을 더 빨리하고, 그것에 대해서 생각해보는 대신 무언가를 그냥 하라. 그들의 인생은 기다리다가 끝이 난다. 그렇다면 현재 자신에게 물어봐라. 당신은 가난한 사람인가?"

마윈의 이야기는 실행의 중요성을 다시 한 번 일깨워 주었다. 실행은 아이디어라는 씨앗을 향기 나는 장미로 만드는 과정이다. 씨앗은 어디에나 있다. 하지만 그것을 꽃으로 틔우는 사람은 많지 않다. 과정이 필요하기 때문이다. 과정에는 희생, 절제, 인내와 같은 노력들이 필요하다. 그래서 실행은 성공자와 성공하지 못한 사람들을 분리시키는 훌륭한 도구가 된다. 행동으로 옮기지 못하는 가장 중요한 이유는, 실패에 대한 두려움이다.

나는 내가 실패해서 잃는 것에 대해 생각해보았다. 곰곰이 생각해보니 내가 잃는 것이 아무것도 없었다. 설령 잃는 것이 있다고 해도 그것은 내가 얻을 경험에 비하면 작은 휴짓조각에 불과했다.

지금 나는 경험을 토대로 책을 쓰고, 강의를 한다. 내가 겪은 경험은 내 입장에서는 돈으로 환산할 수 없을 정도로 소중하다. 실패를 했기에 같은 실패를 겪은 사람들을 도와줄 수 있다.

실패는 내 삶에 엄청난 도움을 주었다. 나는 원하는 대학에 떨어져서 재수를 하며 다시 한 번 수능 공부를 했다. 당시 내 친구들에 비해 인생이 1년 뒤처졌다는 생각을 했다. 그래서 더 치열하게 공부했다. 전국에서 오늘 하루 '나보다 열심히 한 사람은 없을 것'이라는 생각이 들 때까지 공부했다. 부모님이 재수를 시켜주기 위해 보내주시는 돈이 얼마나 피땀 흘려 번 돈인지 알기 때문에 이를 악물고 공부했다. 하루 6시간 수면, 14시간 공부를 철저하게 10개월간 지켜나갔다. 단 하루도 내가 계획하는 일상에서 벗어나지 않았다.

노트에 목표한 대학교 사진을 붙여두고 매일 공부하기 전에 강력하게 상상했다. 그 상상은 현실이 되었다. 나는 그해 원하는 대학교에 합격했다. 중간에 포기했더라면 이루지 못할 결과였다.

내가 재수를 하던 그해, 부모님이 이혼까지 갈 뻔했던 싸움이 있었다. 그때 나의 공부가 부모님의 빚으로 유지하고 있다는 사실을 알았다. 그럼에도 불구하고 나는 포기하지 않았다. 엄마가 백화점에서 하루 종일 서서 일하며 번 돈이 나의 공부를 위하여 쓰여졌다. 그럼에도 불구하고 절대 포기할 수 없었다. 내가 포기한다는 것은 효도가 아니었다. 부모님의 사랑은 내가 그들의 처절함을 모른 척하는 것이었다.

사람들은 성공하길 바라면서도 그 과정은 피하려고 한다. 하지만 같은 일을 반복하면서 결과가 달라지기를 바라는 것은 무척이나 어리석은 짓이다.

이 책은 성공에 이르는 보물 지도와 같다고 자부한다. 대부분의 사람들은 주어진 정보를 가지고 아무것도 하지 않을 것이다. 흥미롭게 보물 지도를 빤히 들여다보긴 하겠지만, 그 보물을 찾으러 가는 사람은 많지 않다. 보물 지도를 소유만 하는 것과 집을 나와서 보물을 찾으러 가는 것은 전혀 다르다. 확실한 사실은 실행하지 않으면 절대 보물을 찾을 수 없다는 것이다.

지금까지 어떤 삶을 살아왔는지는 중요하지 않다. 학창시절에 공부를 못했건, 현재 아르바이트를 하면서 간신히 생활을 유지하건, 그런 것은 중요하지 않다. 당신의 존재를 과거에 의존하여 정의한다면, 당신이 원하는 미래에 되고자 하는 사람이 될 수 없다.

성공과 혁신을 이끄는 공식

❝당신이 할 수 있는 모든 것을, 또는 꿈꿀 수 있는 모든 것을 시작하라.
대담함은 그 안에 천재성과 힘과 마법을 함께 지니고 있다.**❞**

— 괴테

생각의 힘은 위대하다. 세상 무엇보다도 강력한 힘을 가지고 있다. 육상 선수였던 로저 배니스터가 1.6km를 4분 이내에 달리기 전에, 전문가들은 인간의 신체 구조상 그 기록을 깨는 것은 불가능한 일이라고 했다. 하지만 로저 배니스터는 해냈다. 더욱 놀라운 일은, 두 달 후 16명이 인간으로서는 절대 불가능하다고 여겨졌던 4분의 기록을 깼다. 이는 인간이 가진 생각의 힘이 얼마나 강력한지 보여준다.

'불가능'이라고 생각하는 순간 그것은 정말로 '불가능'이 되며, '가능'이라고 생각하는 순간 그것은 '가능'이 된다.

소설가 최인호의 《인연》이라는 작품에는 다음과 같은 구절이 나온다.

"생각은 행동을 낳고, 행동은 습관을 낳고, 습관은 성격을 낳으며, 성격은 운명을 낳습니다. 우리가 운명을 바꾸기 위해서는 무엇보다 먼저 생각을 바꾸지 않으면 안 될 것입니다."

이렇듯 생각이 가진 힘은 위대하다. 당신이 가진 생각이 당신의 꿈의 크기를 결정한다. 어떤 생각을 가지고 사느냐는 당신이 미래에 어떤 삶을 살아갈지에 강력한 영향을 미친다. 성공자가 이끌고 나타난 람보르기니를 보고 어떤 사람은 '나도 젊고 열정적인 나이에 이 사람처럼 성공해서 람보르기니를 타겠다.'라는 생각을 한다. 하지만 같은 차를 보고서도 어떤 사람은 '사진을 찍어둬야겠다.'며 기념촬영을 한다. 자신과는 다른 세상의 사람들이 타는, 소유할 수 없는 차라고 생각하는 것이다.

'젊고 열정적인 나이에 성공해서 람보르기니를 타겠다.'라고 선언한 사람은 30대에 은퇴해서 수백억 원대의 자산가로 세계적인 베스트셀러 《부의 추월차선》을 쓴 저자가 되었다. '사진을 찍어둬야겠어요. 나는 절대 이런 차는 탈 수 없을 테니까요.'라고 말했던 사람은 영원히 평범한 삶을 살아갈 것이다. 평범한 생각이 평범한 행동을 낳고, 그 행동이 습관이 되어 삶을 결정짓기 때문이다.

성공적인 삶을 살기 위한 핵심적인 열쇠는 당신의 '생각'에 있다. 어떤 생각을 하고 사는지는 당신의 언어에 반영되어 있다. 지금 핸드폰을 열고, 카톡과 문자를 확인해보면 당신의 생각을 정확히 알 수 있다. 다음의 글을 읽어보자.

"저는 다음 달에 람보르기니를 살 것이라고 생각합니다. 제 삶에 단 한번 있을 기회가 찾아온 것 같습니다. 저는 최고가 되어보고자 합니다."

이 글을 읽으면 성공에 대한 믿음과 확신이 느껴지지 않는다. '— 라고 생각합니다.'와 '— 인 것 같습니다.' 또는 '— 해보고자 합니다.' 라는 글에서 자신감이 느껴지지 않기 때문이다. 이렇게 애매모호한 언어를 쓰는 사람은 삶도 정처 없이 흘러갈 가능성이 높다. 반면에 다음 글을 한 번 읽어보자.

"저는 다음 달에 람보르기니를 살 것입니다. 제 삶에 단 한번 있을 기회가 찾아왔습니다. 저는 반드시 최고가 되겠습니다."

같은 문장이라도 차이가 느껴지지 않는가. 전자의 문장에는 힘이 없는 반면 후자는 강력하다. 위의 문장의 내용은 실패를 암시하고, 아래의 문장은 성공을 암시한다.

당신이 사용하는 언어에는 이와 같은 영향력이 있다. 당신이 평소 사용하는 카톡과 문자에는 어떤 언어가 사용되었는가. '절대로'나 '할 수 없어'와 같은 부정적인 언어로 가득 차 있다면 이제 생각을 바꿔야 할 때이다.

나는 함께 일하는 사람들에게 '대단합니다.', '최고입니다.'와 같은 말을 자주 한다. 부정적인 단어가 내 언어에 반영되지 않도록 의식적으로 노력한다. 부정은 부정의 기운을 끌어당긴다는 것을 알기 때문이다.

'성공'과 '열정'을 외치는 사람과 '실패'와 '비난·비판·불만'을 이야기하는 사람의 삶은 다를 수밖에 없다.

성공자의 생각을 갖고, 이를 유지하기 위해서는, 긍정적으로 생각하고 성공에 대한 확신과 믿음을 가진 사람들을 찾아서 그들의 생각을 공유해야 한다. 성공자 옆에 성공자가 있다. 유유상종類類相從 은 역사적으로 증명된 진리이다. 비슷한 사람은 비슷한 사람과 만나게 되어있다. 나는 매일 '성공'과 '열정'을 외친다. 내가 외치다 보니 같은 생각을 가진 사람들이 나와 함께 하기 시작했다. 여기서도 끌어당김의 법칙은 예외 없이 작동한다.

특별한 결과를 원한다면, 특별한 생각을 해야 한다. 성공과 혁신을 이끄는 강력한 공식은 '생각'에 있다. 성공에 관해 읽고, 듣고, 말하고 생각하다 보면 당신은 어느새 성공한 사람이 되어 있을 것이다. 세상의 모든 성공한 사람들은 이 법칙에 따라 행동했다.

당신은 성공자이길 원하는가 아니면 평범한 삶을 살아가길 원하는가. 그건 당신의 '생각'에 달려있다.

Chapter **03**.

나만의 플랫폼을 구축하라

무엇이 성공적인 비즈니스 모델인가

" 대부분의 성공한 창업가들은 좋은 비즈니스 모델에 대한
콘셉트를 갖고 있을 뿐만 아니라
개인적인 취향, 가치관, 라이프 스타일이 이와 조화를 이룬다. **"**

— 칼 베스퍼

세계적인 베스트셀러 《부자 아빠 가난한 아빠》의 저자 로버트 기요사키는 돈을 버는 4가지 방법에 대해 다음과 같이 말한다.

첫 번째는 월급을 받는 직장인이고, 두 번째는 자영업자, 세 번째는 사업가, 마지막은 투자자이다. 여기서 자영업자는 치킨집이나 피자집, 식당을 포함한 변호사, 의사, 번역가 등이 포함된다. 자영업자와 사업가는 내가 자리를 비웠을 때 사업이 영향을 받는지 아닌지를 기준으로 구분된다. 예컨대, 개업 의사라면 매일 자신의 병원에 앉아 환자를 진찰해야 수입이 생기며, 자리를 비우면 수입이 생기지 않는다. 이는 자영업자이다. 반면에 베스트셀러 작가인 로버트 기요사키는 전 세계 어디에 있더라도 끊임없이 돈이 들어온다. 왜냐하면 돈이 들어오는 시스템을 만들었기 때

문이다. 이는 사업가이다.

직장인(E)	사업가(B)
자영업자(S)	투자자(I)

★E는 Employee, S는 Self—employed, B는 Business Owner, I는 Investor를 의미한다.

로버트 기요사키는 누구나 사분면의 왼쪽을 구성하는 E와 S분면과 오른쪽을 구성하는 B와 I분면에 양발을 걸치고 있어야 한다고 말한다. 그 중심은 오른쪽에 있어야 하며, 대략 3:7의 비율을 유지해야 한다. 그 이유는 간단하다. 왼쪽 분면은 우리가 직접 일해서 돈을 벌어야 하는 반면 오른쪽 분면은 시스템이 우리를 대신해서 일을 한다. 시스템은 사람과 달리 퇴근 시간도 없고 휴일도 없이 24시간 돈을 벌어다 준다.

성공적인 비즈니스 모델이란 이와 같이 직접 일해서 돈을 버는 수입과 24시간 돈을 벌어들이는 시스템이 함께 작동되는 모델을 의미한다. 성공적인 지식창업자는 이 두 가지 조건을 만족하는 시스템을 가지고 있다. 나는 강연과 1:1 컨설팅을 통한 노동 수입과 책을 판매한 인세와 제품 판매를 통한 권리수익으로 돈을 번다. 성공한 지식창업자는 모두 정도의 차이만 있을 뿐 이러한 비즈니스 모델을 추구한다. 이것의 핵심은 노동 수입과 시스템으로 벌어들이는 돈의 비율을 3:7로 맞추는 것이다. 사업의 초기에는 이 비율이 10:0 또는 9:1로 진행된다. 대부분 노동을 통해 수입이 생기는 것이다. 하지만 나만의 콘텐츠가 완성되고, 브랜드가 알려지면서 이 비율은 점차 뒤집히기 시작한다.

나는 약 10년에 걸쳐서 성공한 지식창업자들을 연구하고, 그들의 성공 패턴을 분석해서 누구나 따라 할 수 있도록 8단계로 정리했다. 이는 다음과 같다.

1. 당신의 분야를 선정하고 그것에 대한 지식을 쌓아가라

나는 어떻게 하면 평범한 사람도 성공자의 삶을 살아갈 수 있는지에 대해 오랜 시간 고민했다. 그러면서도 내가 삶의 주인이 된 특별한 삶을 살아가길 원했다. 내가 내린 최종적인 결론은 지식창업자로서의 삶이 이에 가장 부합한다는 것이다. 나는 아직은 국내에 생소한 '지식 창업'이라는 분야를 선택했고, 이에 대한 지식을 쌓아가기 위해 지식/ 사업/ 성공/ 부자/ 경제를 키워드로 하는 수많은 책을 읽었다. 책의 저자에게 직접 연락을 해서 만나기도 했으며, SNS를 통해 알게 된 많은 사람들에게 나를 소개하고, 직접 만나서 이야기를 듣는 기회를 잡았다. 직접 만나지 못하는 사람들의 경우에는 유튜브와 팟캐스트를 통해 강연을 들으며 정보를 얻었다. 5년이 넘는 시간동안 이렇게 하다 보니 어떻게 하면 평범하게 태어난 사람도 특별한 삶을 살 수 있는지에 대한 원칙들이 정립되기 시작했다.

경험과 지식을 통해 나만의 스토리가 생겨나면, 나만의 비전을 선포해야 한다. 알리바바 마윈은 제2의 창업을 발표하면서 다음과 같이 선언했다.

"우리는 전자상거래 회사를 만들 것이다. 우리의 목표는 세 가지다. 첫째는 102년간 생존할 회사를 설립하는 것, 둘째는 중국의 중소기업을 도울 수 있는 전자상거래 회사를 만드는 것, 셋째는 전 세계 1위의 전자상거래 회사를 만들어 세계 웹사이트 순위 10위 안에 드는 것이다."

그리고 나서 그는 말을 이었다.

"지금부터 우리는 위대한 일을 해야만 한다. 우리의 B2B는 인터넷 서비스 방식에 1차 혁명을 가져왔다. 어둠을 헤치고 나가고 함께 외치자. 내가 앞으로 나아가라고 외칠 때 너희는 허둥대지 마라. 비장하게 앞으로 나아가라. 10여 명이 앞으로 나아가면 무엇을 못하겠는가."

마지막으로 마윈은 다음과 같이 자신의 말을 마쳤다.

"너희는 지금 어디에서든 일을 찾을 수 있다. 한 달에 3,500위안은 충분히 벌 수 있다. 그러나 3년 후에도 똑같은 일을 찾아나서야 한다. 우리는 지금 매월 500위안 밖에 벌 수 없지만, 회사가 성공하면 영원히 돈 걱정에서 벗어날 수 있다."

마윈은 자신과 함께 일하는 사람들의 가슴에 불을 지폈다. 지금 현재 상황을 뛰어넘을 비전을 제시하고, 그들을 이끌어 나갔다. 지식창업자로서 살아가는 삶의 비전은 나를 가슴 뛰게 할 수 있는 것이어야 한다. 내 가습을 뛰게 만드는 비전을 세우고, 이를 많은 사람들 앞에서 선포하라. 그것이 성공하는 지식 창업의 첫 걸음이다.

2. 당신의 이야기를 들어줄 청중 또는 독자들^{target}을 선정하고 그들의 문제점을 찾아라.

정보와 지식이 세상을 변화시켰고, 충분한 지식과 아이디어만 있으면 성공할 수 있는 시대가 되었다. 다음 브런치(brunch)를 통해 누구나 글을 쓰고 작가로 데뷔할 수 있게 되었고, 누구나 스마트폰만 있으면 유튜브와 페이스북을 통해 방송을 할 수 있는 시대가 열렸다. 온오프믹스(onoffmix)처럼 누구나 강연을 열 수 있는 플랫폼이 생겨났고, 페이스북과 블로그를 중심으로 한 소셜 네트워크는 다양한 사람들과 만나고 소통할 수 있는 기회를 제공한다.

평생직장이라는 개념이 사라지고, 창조적인 업무 환경이 조성되면서 지식을 자본으로 한 1인 기업이 큰 폭으로 증가하고 있다. 베스트셀러 '지식창업자'라는 책이 등장할 정도로 돈이 아닌 지식을 자본으로 삼아 1인 창업을 하는 사람들이 늘어나고 있다. 최근에는 유튜브와 페이스북을 통해 메이크업 방법, 화장품 리뷰 등을 주제로 일반인들도 연예인 못지않은 인기를 얻기도 하고, 다음 브런치(brunch)나 블로그로 쓴 글이 책으로 출간되는 경우도 많다. 취미로 즐기고 있는 게임, 요리, 미용에 대한 지식에서부터 직업에서 필요로 하는 리더십, 동기부여, 커뮤니케이션과 같은 지식에 이르기까지 모두 창업을 위한 중요한 자본이 될 수 있다.

하지만 베스트셀러 '지식창업자'라는 책 외에는 지식을 자본으로 창업할 수 있는 사례나 방법에 대한 체계적인 안내서가 존재하지 않는다. 자신만의 지식을 효과적으로 전달하고, 브랜딩하고, 마케팅하는 방법에 대한 체계적인 매뉴얼이 존재하지 않아서 많은 사람들이 지식 창업에 대한 꿈을 꾸고 생각만 할 뿐 실제 행동으로 옮기지는 못하고 있다.

이 책은 '누구나 따라 할 수 있는 지식 창업에 관한 체계적인 로드맵이 있다면 좋을 텐데…'라는 생각에서 출발했다. 이를 만들기 위해 경제·경영, 자기계발, 퍼스널 브랜딩, 온라인 마케팅에 관한 200권이 넘는 책을 읽고, 베스트셀러 작가, 스타강사, 온라인 마케터와 같은 다양한 사람들을 만나기 시작했다. 이를 통해 차별화된 스토리 만들기, 온라인 플랫폼 구축하기, 퍼스널 브랜딩하기, 책 쓰기, 강연하기, 브랜드 제품 만들기, 인적 네트워크 구축하기에 관한 다양한 원칙들이 정립되기 시작했다.

많은 시행착오를 거치면서 이러한 원칙들을 하나씩 시도해 나갔고, 지난 3년간 1,000명이 넘는 사람들을 대상으로 강연과 1:1 컨설팅을 하면서 성공적인 지식 창업을 위한 구체적인 실행 방법을 알려주었다. 그리고 그들로부터 지속적인 피드백을 받으며 내용을 수정하고 업데이트시켜나갔다.

이제 지식 창업을 시작할 때 누구나 따라갈 수 있는 '성공적인 로드맵'을 완성하게 되었다. 개인적인 경험에 기반한 단편적인 지식이 아니라 많은 책을 읽고, 다양한 사람들을 만나며, 저자가 직접 경험했던 것들을 누구나 따라 할 수 있는 8가지 단계로 체계화시켜놓았다. 취업과 진로로 고민하고, '돈이 없어도 어떻게 자신만의 지식을 자본으로 창업할 수 있는지'에 대한 현실적인 방법들을 몰라서 답답해하는 20, 30대의 문제를 파악하고 그에 대한 해결책을 찾기 위해 노력한 것이다.

3. 청중 또는 독자들target의 문제에 대한 구체적인 해결책을 제시해라

많은 20대, 30대 젊은이들이 취업과 진로로 고민한다. 창업을 하려고 해도 자본금이 없고, 기술이 없고, 인맥이 없어서 쉽게 포기하고 만다. 주변에 성공한 창업가도 찾기 힘들고, 어디서부터 어떻게 시작해야 할지 도무지 갈피를 잡을 수 없는 경우가 많다. 나는 집 앞에 있는 스타벅스에서 노트북 하나로 지식창업자로서의 삶을 시작했다. 기술도 없었으며, 인맥도 없었다. 맨땅에 헤딩하는 식으로 처음부터 시작했다. 필요한 자료가 있으면 학교 도서관에 가서 책을 읽었고, 학교 도서관에 필요한 책이 없으면 국공립 도서관을 이용했다. 필요한 사람이 있으면 적극적으로 SNS와 지인들을 통해 찾아 나섰다. 이런 경험이 쌓이다 보니, 나만의 노하우가 생기기 시작했다. 지금 제시하는 성공의 8단계는 이런 노하우를 누구나 따라 하기 쉽게 정리해둔 것이다.

이처럼 해당 분야에 관련된 사람들을 적극적으로 만나고, 이야기를 듣고, 관련 분야의 책을 읽으며, 영상과 뉴스, 인터뷰 기사를 찾아보는 것이 해결책을 찾는 출발점이다. 단순히 한두 번 하는 것으로 끝나는 것이 아니라 '꾸준히' 지속하는 것이 중요하며, 이를 다른 사람들이 이해하기 쉽게 나만의 언어로 정리하는 과정이 필수적이다.

❖ 당신의 노하우know-how를 사람들에게 전달하는 5가지 방법

① 읽기: 당신의 노하우know-how는 책, E-book, 블로그 포스팅, 칼럼과 같은 형태로 사람들에게 전달될 수 있다. 이는 무료 또는 낮은 가격의 정보 상품을 제공하는 방법이다. 당신의 성공적인 지식과 경험은 교육을 위한 책과 정보라는 제품의 형태로 제공된다.

② 듣기: 당신의 노하우know-how는 팟캐스트나 MP3 녹음 파일을 통해 사람들에게 전달될 수 있다. 팟캐스트나 MP3 파일은 빠른 시간 내에 사람들이 부담 없이 당신의 정보를 듣고, 이해할 수 있도록 도와준다. 무료로 정보가 제공되며 많은 사람들에게 알려짐으로써 당신의 정보에 가치가 더해진다.

③ 보기: 당신의 노하우know-how는 유튜브와 페이스북 라이브 방송을

통해 사람들에게 전달될 수 있다. 영상 또한 팟캐스트와 같이 많은 사람들에게 영향력을 전달하는 방법이다. 무료로 정보가 제공되며, 당신의 영향력을 넓히고 정보에 가치를 더하는 가장 중요한 방법이다. 일정 수준의 영향력에 이르면 광고 의뢰가 들어오고, 수많은 후속 기회를 잡을 수 있는 수단이 된다.

④ 경험하기: 당신의 노하우know-how는 강연, 워크숍, 캠프, 특강과 같은 형태를 통해 직접 만나고 경험함으로써 사람들에게 전달될 수 있다. 보통 일일 특강과 같은 강연의 형태로 제공이 되며, 한 사람당 강연료를 받거나 시간당 강연료를 받음으로써 수익을 창출한다. 강의에 대한 노하우가 쌓이고, 더 많은 사람들에게 알려지기 시작하면 내 가치가 상승하고 그에 따른 수익도 커진다. 많은 성공한 지식창업자들이 일일 특강을 통해서 하루 동안 적게는 500만 원에서 많게는 1000만 원이 넘는 돈을 벌어들인다.

⑤ 마스터하기: 당신의 노하우know-how를 듣는 사람들 중에서 당신의 노하우를 마스터하고 싶은 사람들에게 4주, 8주, 12주 스페셜 코칭 과정을 제공한다. 이는 1:1 컨설팅 형태가 될 수도 있고, 강연의 형태가 될 수도 있다. 중요

한 것은 당신은 멘토로서 이들에게 가격에 합당한 결과와 코칭 서비스를 제공해야 한다는 것이다.

4. 나만의 플랫폼을 통해 노하우^{know how}를 무료로 제공하라

나는 나만의 플랫폼을 만들고 사람들의 삶에 가치를 더해주는 정보를 무료로 제공하기 위해 노력한다. 매주 1권 이상의 책을 읽고, 1개 이상의 칼럼을 쓴다. 이를 카페, 블로그, 페이스북과 같은 다양한 플랫폼을 통해 무료로 공개한다. 나는 내 정보를 제공하는 대가로 이름과 이메일 또는 전화번호를 받는다. 이는 새로운 강연을 오픈하거나 새로운 칼럼을 썼을 때에 지속적으로 알릴 수 있는 고객을 구축하는 방법이다. 나만의 플랫폼은 책을 홍보하기도 하며, 강연을 알리기도 한다. 한 그루의 돈 나무 money tree가 자라날 수 있도록 시스템을 만드는 과정인 것이다.

5. 퍼스널 브랜딩을 통해 신뢰감 있는 이미지를 구축하라

퍼스널 브랜딩은 나만의 플랫폼에서 영향력을 넓히는 가장 핵심적인 방법이다. 수많은 사람들이 나와 같은 분야에서 차별화되기 위해 노력한다. 누가 퍼스널 브랜딩을 성공적으로 하느냐에 따라서 사람들은 내 정보에 관심을 기울이기도 하고, 기울이지 않기도 한다. 나는 성공적인 퍼스널 브랜딩을 위해 많은 시행착오를 거쳐왔다. 지금은 최적화된 페이스북과 인스타그램 계정을 가지고 있다. 최적화된 블로그와 카페를 통해서도 나만의 플랫폼을 구축하고 있다. 퍼스널 브랜딩은 차별화의 핵심적인 요소이며, 이 책의 5장을 통해서도 자세히 다루어질 내용이다.

6. 당신의 강연과 제품을 알릴 수 있는 프로모션을 제공하라

나는 책이 출간되고 나서 100일간 성공 습관과 글귀를 보내주는 프로모션을 시작했다. 많은 사람들에게 매일 아침 8시에 삶에 자극이 되고 동기부여가 되는 한 마디 명언을 보내주는 방법이다. 이는 효과적으로 독자들과 소통하고 지속적으로 입소문을 일으킬 수 있는 방법이다. 매주 한 번씩 스페셜 칼럼을 작성해서 고객들에게 이메일을 보내주는 방법도 있다. 어떤 방법을 사용하던지 중요한 것은 '소통'이다. 효과적인 소통이 이루어져야 지속적인 바이럴 마케팅이 이루어질 수 있다.

7. 영향력을 넓힐 수 있는 파트너와 함께 일하라

나는 처음에 혼자 지식창업자로서의 삶을 시작했다. 아무것도 없는 상태로 시작했기에 누구도 도와주는 사람이 없었다. 하지만 많은 사람들을 만나고, 강연하고, 소통하다 보니 나와 꿈이 비슷한 사람들이 나타나기 시작했다. '빨리 가려면 혼자 가고, 멀리 가려면 함께 가라'라는 말이 있다. 나와 함께 시너지 효과를 낼 수 있는 사람들과 함께 일하면 내가 가진 영향력은 더욱 넓어진다. 수많은 유튜브 스타와 페이스북 스타들이 서로 도와가면서 방송을 촬영하고, 영향력 있는 저자들이 서로 모여서 강연회를 연다. 영향력은 서로 결합될 때 더 큰 시너지 효과를 발휘한다.

8. 첫 번째부터 일곱 번째의 과정을 반복하라

마지막으로 가장 중요한 메시지는 초심을 잃지 않고, 지속적으로 노력하는 것이다. 하루아침에 쌓아 올린 성공은 없다. 화려한 성공 뒤에는 반드시 피나는 노력이 있기 마련이다. 로또에 당첨되는 화려한 신데렐라 같은 성공을 바란다면, 성공 가능성은 제로에 가깝다. 하지만 위에 제시된 8가지 방법을 따라서 6개월만 실천한다면 당신의 삶은 믿을 수 없을 정도로 바뀔 것이다.

위에 제시된 성공의 8단계는 오랜 시간 동안 치열하게 연구한 노력의 결과물이다. 수많은 사람들이 이러한 성공의 단계들을 거쳐 성공적인 지식창업자로서 활동하고 있다. 로버트 기요사키가 말한 것처럼, 이들은 강연과 컨설팅을 통해 노동 수입을 벌어들일 뿐만 아니라 책과 브랜드 제품 판매를 통해 시스템으로 돈을 벌어들인다. 그 비율 또한 3:7에 가깝게 유지된다. 가장 성공적인 비즈니스 모델을 만들어낸 것이다.

〈세움스쿨〉은 현재 8단계를 거쳐서 10개가 넘는 성공적인 지식창업자들과 함께하고 있다. 1단계부터 8단계까지 뜻을 같이하는 지식창업자들과 함께 운영하고 있으며, 이 일은 나에게 진정한 자유와 행복을 선사해준다. 누구나 위에 제시한 '성공의 8단계'를 따라가면 성공할 수 있다. '단계'라는 것은 어느 것 하나 건너뛰지 않고 계단처럼 하나씩 하나씩 따라가야 한다. 실행에 옮기느냐, 옮기지 않으냐가 당신의 자유와 행복을 결정짓는다. 가슴이 뛴다면 지금 당장 행동하라.

지식창업자에게 필요한 세 가지 플랫폼

❝기회는 준비된 자에게 온다.❞
— 힐러리 클린턴

전쟁에 나갈 때 무기를 하나만 가지고 나가는 장수가 있는 반면, 두 개 이상의 무기를 가지고 전쟁에 나서는 장수가 있다. 근접전에서는 칼을 사용할 수 있어야 하며, 중간 정도의 거리에서는 총을 사용할 수 있어야 하고, 먼 거리에서는 대포와 같은 무기를 사용할 수 있어야 한다. 플랫폼은 지식창업자가 가진 무기와 같다. 어떤 사람은 한 가지 플랫폼을 집중적으로 활용하기도 하고, 어떤 사람은 두 개 이상의 플랫폼을 결합해서 사용하기도 한다. 중요한 것은 플랫폼은 결합될수록 더 큰 시너지를 발휘한다는 사실이다.

지식창업자는 보통 혼자 시작하는 경우가 많기 때문에 15개가 넘는 플랫폼을 모두 사용하기란 불가능에 가깝다. 지식iN, 페이스북, 카페, 카카오스토리와 같은 수많은 플랫폼 중에서 지식 창업에 맞는 플랫폼을 적절하게 활용하는 것이 효과적이다. 나는 지식창업자에게 필수적인 플랫폼으로 페이스북과 블로그, 카페 3가지를 꼽는다. 그 이유는 세 가지 플랫폼이 서로에게 결합되어 시너지 효과를 발휘하기에 가장 적합하기 때문이다. 어떻게 플랫폼을 운영하는지 알아보기 전에 각각의 플랫폼이 지닌 특성을 알아보자.

"바이럴 마케팅의 성지— 페이스북"

페이스북은 '3초 전쟁'이라고 얘기한다. 3초 안에 사람들의 시선을 사로잡는 콘텐츠를 제공하지 못한다면 그 콘텐츠는 수많은 포스팅 사이로 사라져버린다. 글이 길거나 전문적인 글보다는 강렬한 이미지나 영상을 통해 많은 사람들에게 지속적으로 노출시키기에 효과적이다. 페이스북의 콘텐츠는 '글<이미지<영상' 순으로 효과적이다. 이는 짧은 시간 동안에 브랜드 이미지나 핵심 콘텐츠를 많은 사람들에게 확산시킬 수 있는 가장 효과적인 플랫폼이다.

"콘텐츠의 베이스캠프— 블로그"

반면에 블로그는 필요한 정보를 얻고자 하는 사람들이 유입된다. 단순한 이미지나 영상의 나열로는 사람들에게 필요한 정보를 제공해줄 수 없다. 한 가지 분야에 대한 실질적인 노하우나 자료를 제공함으로써 블로그를 방문한 사람들의 니즈^{needs}를 충족시켜준다. 페이스북보다 조금 더 길고 전문적인 글을 올려야 하며, 양질의 콘텐츠를 제공해주기 위해서 지속적으로 노력해야 한다. 블로그는 짧은 기간 동안에 내 분야에서 전문성을 알릴 수 있고, 콘텐츠를 쌓아갈 수 있는 가장 효과적인 플랫폼이다.

"잘 키운 카페 하나 열 개의 블로그 부럽지 않다— 카페"

마지막으로 카페는 한 분야에 관심 있는 마니아층^{fan}을 결집시킬 수 있는 장소이다. 블로그와 같이 내 분야에 관한 노하우와 콘텐츠를 지속적으로 쌓아갈 수 있지만, 카페에 가입을 해야만 콘텐츠를 볼 수 있다는 특성을 가지고 있다. 이런 특성으로 인해서 짧은 시간 내에 콘텐츠를 알리거나 브랜드를 홍보하는 효과는 적지만 한 사람, 한 사람씩 들어오기 시작하면서 마니아 층이 형성된다.

가장 중요한 것은 카페에 가입한 사람들에게 메일과 쪽지를 통해 중요한 칼럼이나 강연 내용에 대해 지속적으로 알릴 수 있다는 것이다. 수많은 지식창업자들이 카페를 통해 자연스럽게 관심 분야의 사람들의 정보를 얻고, 이를 통해 다양한 프로모션^{promotion}을 진행한다. 나는 매주 베스트 칼럼을 엄선해서 카페 회원들에게 메일을 보내고, 강연이 있을 때마다 사람들에게 쪽지를 남긴다. 나만을 위한 무대와 청중이 형성되는 것이다. 그렇기에 카페는 지식창업자가 반드시 가져야 할 가장 궁극적인 플랫폼이다.

    카페와 블로그, 페이스북은 플랫폼의 세 바퀴와도 같다. 어느 것이 더 중요하고 우선이냐는 중요하지 않다. 만약에 세발자전거에서 한 쪽 바퀴가 빠지면 마케팅은 성과를 얻을 수 없다. 세 바퀴가 있어야 완전한 마케팅의 균형이 이루어진다. 성공적인 지식창업자가 되기 위한 사람이라면 반드시 세 가지 플랫폼을 동시에 운영해나가야 한다.

사람을 끌어당기는 플랫폼 운영 방법

"유능한 자는 행동하고, 무능한 자는 말만 한다."
— 조지 버나드 쇼

모든 성공적인 플랫폼에는 다음의 4가지 요소가 있다.

- 차별화된 스토리
- 성공적인 이미지
- 양질의 콘텐츠
- 꾸준함

나는 페이스북, 블로그, 카페, 이 3가지 플랫폼 중에서 페이스북을 가장 성공적으로 운영하고 있다. 나의 페이스북 개인 계정은 많은 사람들에게 노출될 수 있도록 최적화되어 있으며, 매일 5천 명이 넘는 사람들과 소통하고 있다. 이와 함께 500만 명 이상이 방문하고 3만 4천 명이 좋아요를 누른 페이스북 페이지를 운영하고 있다. 이러한 결과는 모두 위에 제시한 4가지 요소를 바탕으로 만들어졌다.

첫 번째, 차별화된 스토리

나는 '교육으로 세상을 바로 세우다'라는 가치를 바탕으로 '세움영어 ON:SEUM ENGLISH'라는 교육 회사를 설립했다. 영어를 못했었기 때문에 영어가 어려운 친구들의 마음을 잘 알고 있었고, 단 한 번도 유학을 다녀온 적이 없었기 때문에 한국에서만 영어를 공부해도 영어를 잘 할 수 있는 노하우^{know—how}를 알고 있었다. 나는 이러한 지식과 노하우^{know—how}를 나 혼자만 알고 있는 것이 아니라 수많은 사람들과 나누고 싶었다.

나는 이렇게 나만의 차별화된 스토리를 만들었다. 이러한 스토리를 바탕으로 다양한 사회 공헌 활동을 펼쳐나갔다. 교육 소외 계층을 위한 교육 봉사 활동을 진행하고, 수능 문법과 독해에 관한 책을 출간한 뒤 이를 무료 PDF 파일로 모든 학생들에게 배포했다. 이러한 활동들이 알려지자 생각지도 못한 소중한 기회들과 사람들이 찾아왔다. 이처럼 스토리는 사람들의 마음을 움직이고 끌어당기는 마법과 같은 힘을 가지고 있다.

두 번째, 성공적인 이미지

단순히 스토리를 넘어서 나는 성공적인 이미지를 활용했다. 로고 전문 디자이너를 통해 회사 로고를 제작하고, 홍대에 있는 스튜디오에서 개인 프로필 촬영을 했다. 페이스북 개인 계정을 멋지게 꾸미고, 카페와 블로그의 전체적인 이미지도 디자인을 맡겼다. 사람들은 맨 처음 이미지를 본다. 그리고 내용을 바라본다. 아무리 훌륭한 스토리와 콘텐츠를 가지고 있어도 사람들의 시선을 끌어당기지 못하면 많은 사람들에게 알려질 수 없다. 내 플랫폼에 성공적인 이미지와 디자인을 입히는 일은 그만큼 중요하다.

세 번째와 네 번째, 양질의 콘텐츠와 꾸준함

나는 매일 조금씩 책을 읽는 습관을 가지고 있다. 일주일에 최소 한 권의 책을 읽고 그 책의 내용 중에서 지식창업자에게 필요한 내용을 정리해 짧게라도 칼럼을 쓴다. 페이스북뿐만 아니라, 블로그와 카페에도 칼럼을 올리다 보니 방문객이 늘어나고, 카페에 가입하는 사람들도 늘어나기 시작했다. 콘텐츠를 통해 소통이 이뤄지고 자연스럽게 입소문이 퍼지기 시작했다. 이는 단순히 한 달, 두 달의 짧은 기간에 이뤄지는 것이 아니다. 꾸준함이 있어야 가능한 일이다. 많은 사람들이 원하는 결과를 만들어내지 못하는 이유는 대부분 '꾸준하게 하지 않아서'이다.

지금까지 성공적인 플랫폼을 만드는 4가지 요소에 대해서 이해했다면, 다음으로는 플랫폼을 운영하는 4단계 프로세스에 대해서 알아야 한다.

첫 번째 시작은 벤치마킹이다. 단군 이래 새로운 것은 없다는 말처럼 좋은 플랫폼을 제작하기 위해서는 나와 같은 분야에서 성공한 플랫폼을 벤치마킹해야 한다. 나는 네이버 카페 '한책협한국 책쓰기 성공학 코칭협회'을 벤치마킹해서 카페를 만들고 운영했다. 어떤 카페 제목을 사용해야 하는지부터, 메뉴는 어떻게 구성했는지, 디자인은 어떤 스타일로 했는지 세세한 부분까지 하나씩 하나씩 검토했다. 페이스북과 블로그도 첫 번째 시작은 벤치마킹이다.

두 번째로는 실제 카페를 만들고, 페이스북 계정을 만들고, 블로그를 운영하는 것이다. 어떻게 플랫폼을 만들지 고민할 시간에 먼저 만들고 시행착오를 겪는 편이 낫다. 나는 카페를 만들고, 페이스북 계정을 만들고, 블로그를 시작한 뒤에 SNS에 관련된 다양한 책을 읽으며 책에 나오는 내용을 하나씩 하나씩 적용시켜나갔다.

만약에 책을 먼저 읽고 플랫폼을 만들려고 했으면 나는 중간에 포기했을지도 모른다. 한꺼번에 너무나 많은 내용이 담겨 있어서 당장 어느 것부터 시작해야 할지 감이 잡히지 않기 때문이다. 하지만 먼저 나만의 플랫폼을 만들고 책을 읽는다면, 내가 궁금한 것을 찾아가면서 배울 수 있다. 그러니 먼저 시작하고 행동하는 것이 중요하다.

세 번째로는 콘텐츠를 제작하는 것이다. 페이스북은 3초 안에 사람을 끌어당길 수 있는 이미지와 짧은 글을 만들어내야 하고, 카페와 블로그는 내 분야에서 사람들에게 도움이 될 수 있는 글을 지속적으로 생산해내야 한다. 이는 글과 이미지 뿐만 아니라 영상이 될 수도 있다. 아무리 좋은 콘텐츠라도 플랫폼에 특성에 맞지 않게 콘텐츠를 올리면 많은 사람들에게 확산되지 못한다. 예를 들어서, '100만 뷰를 달성하는 마케팅 노하우'에 관한 칼럼을 페이스북에 게시하는 것은 좋은 방법이 아니다. 페이스북은 긴 글보다는 짧고 강렬한 문구와 이미지가 성공하는 플랫폼이기 때문이다. 반대로 필요한 정보를 찾기 위해 블로그와 카페에 들어온 사람에게 짧고 강렬한 이미지를 제공하는 것 보다는 실질적인 도움이 되는 글이나 칼럼을 게시하는 것이 좋다.

나는 페이스북을 통해서는 내가 지식창업자로 활동하고 있는 사진과 그에 담긴 의미를 짧게 올리는 편이다. 반면에 블로그와 카페를 통해서는 매주 읽었던 책에서 '지식'과 '성공', '부자', '사업', '경제'를 키워드로 하는 다양한 내용에 대해 칼럼 형식으로 글을 작성해서 올린다. 로마에 가면 로마법을 따라야 하는 것처럼, 플랫폼에 따라 그에 맞는 형식으로 콘텐츠를 생산하는 것이 중요하다.

마지막으로는 피드백을 통해 지속적으로 수정·보완하는 것이다. 고인물은 썩기 마련이다. 세상은 계속해서 변하고 있고, 독자들과 청중들이 원하는 콘텐츠도 계속해서 변한다. 변화하는 상황에 맞춰서 새로운 트렌드와 지식에 관심을 기울이고, 오프라인에서 만나는 다양한 사람들에게 내 플랫폼에 대해 묻고 피드백을 받아야 한다. 강연, 컨설팅, 책, 칼럼, 제품, 커리큘럼과 같은 모든 것이 피드백의 대상이다. 이 피드백을 바탕으로 더 나은 플랫폼과 콘텐츠를 만들어 낼 수 있다. 이는 소통을 바탕으로 한 '신뢰 쌓기'이며 당신이 가진 영향력의 폭을 한층 더 넓혀줄 것이다.

나만의 플랫폼을 만드는 과정에서 가장 중요한 것은 '꾸준함'이다. 꾸준함 없이는 어떤 것도 이뤄낼 수 없다. 꾸준하기 위해서는 하기 싫은 일을 해야 할 때도 있고, 하고 싶은 일을 잠시 포기해야 할 때도 있다. 꾸준하기 위한 선택들이 지금 당장은 아무렇지도 않게 보일 수도 있지만 1년 뒤, 2년 뒤 당신이 가진 플랫폼이 만들어 내는 위대한 결과는 당신의 선택이 옳았음을 증명해 줄 것이다.

돈을 벌어들이는 마케팅 노하우

❝돈이 유일한 해답은 아니지만, 차이를 만들어 낼 수는 있다.❞
— 버락 오바마

플랫폼은 하나의 생명체와 같다. 나무가 클 때까지는 키우는 사람의 시간과 노력과 정성이 필요하지만, 한 번 크고 나면 큰 도움 없이도 잘 자란다. 플랫폼을 시작하는 초기에는 많은 시간과 노력이 필요하다. 갑작스럽게 생각지도 못한 일이 발생할 때도 있고, 더 이상 성장하지 않고 정체된 것처럼 보이는 시기가 찾아올 때도 있다. 이런 초기의 어려운 시기를 잘 넘기고 나면 플랫폼은 나만의 개성과 스타일을 가지고 무럭무럭 자라난다. 이때부터 플랫폼은 하나의 시스템이자 24시간 돈을 벌어들이는 머니 트리money tree로서 작동하게 된다.

실제 이런 플랫폼을 운영하면서 월 1천만 원, 월 1억 원의 돈을 버는 성공한 지식창업자들이 있다. 이들은 우선 자신만의 분야를 정하고 스토리를 만들었다. 이들은 카페를 중심 플랫폼으로 정하고, 페이스북과 블로그를 함께 활용했다. 이들이 어떻게 자신만의 플랫폼을 운영하면서 돈을 벌어들였는지 다음을 통해 구체적으로 알아보자.

❖ 월 1천만 원을 버는 지식창업자형 사례

1. 자신만의 분야를 정하고, 카페/블로그/페이스북 플랫폼을 만든다.
2. 매주 자신만의 분야와 관련된 1권 이상의 책을 추천하고, 그 책을 통해 얻은 유용한 정보를 글로 써서 칼럼 형식으로 올린다.
3. 좋은 강연을 듣고, 다양한 사람들을 만나면서 배우고 느낀 점들을 사람들이 이해하기 쉽게 글로 써서 칼럼 형식으로 올린다.
4. 자신이 쓴 글을 블로그와 페이스북을 통해 많은 사람들에게 알리고, 그 사람들이 다시 카페로 유입될 수 있도록 한다.
5. 6개월간 총 50개 이상의 칼럼을 작성하였고, 매주 새로운 칼럼이 올라올 때마다 카페 회원들에게 〈한 주의 베스트 & 스페셜 칼럼 모음〉이라는 제목으로 칼럼의 제목과 칼럼을 읽을 수 있는 주소를 달아서 전체 메일과 쪽지로 보낸다. 페이스북과 블로그를 통해서 사람들이 지속적으로 카페에 유입될 수 있도록 알린다.
6. 위와 같은 방식으로 6개월간 플랫폼을 운영하면 평균적으로 카페 회원수가 500명에서 1,000명을 넘어서게 된다. 그 과정 속에서 많은 사람들의 이야기를 듣고 책을 읽고 칼럼을 쓰며 쌓아 온 경험과

노하우가 늘어나면서 오프라인 강의를 통해 이를 배우고자 하는 사람들이 생기기 시작한다.

7. 이들을 대상으로 1인당 12만 원의 가격으로 4시간에서 6시간 분량의 '원데이 특강'을 오픈한다. 단 한 명이 오더라도 최선을 다해서 가르치겠다는 마음가짐으로 시작한다. 6개월마다 가격이 오를 것을 사전에 공지하고, 실제 6개월마다 수강료를 5만 원 이내로 상승시킨다. 이와 함께 얼리버드early bird 일찍 신청하는 사람들을 대상으로 수강료 할인 프로모션도 진행한다. 단, 걸맞은 콘텐츠를 제공해야 한다.

8. 원데이 특강을 마치고 난 뒤에는 수강생들이 이름/전화번호/이메일과 같은 간단한 개인 정보와 수강 후기를 작성할 수 있는 설문지를 나눠주고, 우수 수강생의 경우 동영상으로 강의 후기를 촬영한다. 단체 사진을 찍은 뒤에 카카오톡과 같은 온라인 소모임 방을 만들어서 지속적으로 강의 피드백과 강의 후에 생겨난 고민들을 해결해주는 공간을 마련한다.

9. 이후 카페와 페이스북, 블로그를 통해 강의 후기를 공개하고, 강의의 핵심 내용이 담긴 소책자를 무료로 배포한다. 이를 통해 2차 원데이 특강을 기획하고 알리고 홍보한다.

이는 카페를 통해 '운영자'에 대한 신뢰가 두터운 청중fan층이 생겨야 가능한 일이다. 위에 제시한 단계 중 어느 것 하나라도 빼놓고서 월 천만 원을 달성하기는 어렵다. 위에 제시된 사례의 지식창업자는 현재 한 사람당 68만 원의 수강료를 받고 강의를 하며, 한 번의 특강으로 천만 원에 가까운 수익을 벌어들이고 있다.

❖ 월 1억 원을 버는 지식창업자 형 사례

10. 월 1천만 원을 버는 지식창업자에서 월 1억 원을 버는 지식창업자로 넘어가기 위해서는 강연과 칼럼을 통해 쌓인 지식과 노하우를 바탕으로 책을 써야 한다.

11. 책을 쓴 뒤에는 원데이 특강뿐만 아니라, 4주 과정, 8주 과정, 12주 과정으로 내가 가진 노하우를 마스터할 수 있는 강의 커리큘럼을 만든다. 이 과정을 마치고 나면, 반드시 목표한 결과물을 얻어갈 수 있도록 한다. 예를 들면, 책 쓰기 과정을 마치고 나면 책 제목과 목차 그리고 책 쓰는 방법에 대해 완전히 이해할 수 있어야 한다. 블로그 마케팅 과정을 마치고 나면 나만의 최적화된 블로그와 블로그 운영 방식에 대해 완전히 이해할 수 있어야 한다. 이처럼 4주, 8주, 12주 과정은 만족스러운 결과물이 시각적으로 주어질 수 있도록 높은 책임감을 가지고 진행하는 강의가 되어야 한다.

→ 월 1억 원을 버는 사례로 제시된 지식창업자의 경우 12주 책 쓰기 과정으로 한 사람당 980만 원의 강의료를 받는다. 한 달에 2회씩 과정이 오픈되며 매 과정의 12명 정원이 마감되는 것으로 유명하다.

12. 강의를 통해 배출된 수강생들 중에서 우수한 실력을 가진 사람들

이 강연할 수 있는 무대를 만들어주고, 이미 가지고 있는 플랫폼과 노하우를 통해 이들이 수익을 벌어들일 수 있도록 만들어 준다. 수익은 강연자와 플랫폼 운영자가 6:4의 비율로 나누어서 함께 협력할 수 있는 비즈니스 모델을 만든다.

13. 나만의 브랜드와 관련된 저가, 중가, 고가의 제품을 개발해서 플랫폼을 통해 판매하기 시작한다. 회원들만 구매할 수 있는 한정판으로 제작해서 소속감과 희소성의 가치를 높인다. 예를 들면, 책 쓰기 분야의 경우 '천재 작가의 상상력 노트'라는 다이어리를 만들 수도 있고, '나는 작가다'라는 글씨가 쓰인 에코백이나 '한 컵에 베스트셀러'라는 제목의 텀블러를 만들 수도 있다.

14. 신문과 방송에 출연할 기회를 만들고, 언론사 및 기자들과 친분을 쌓는다. 이를 통해 플랫폼과 나만의 브랜드를 노출시키고, 지속적으로 공신력을 쌓을 수 있는 계기를 만든다.

15. 마지막으로 1번부터 14번까지의 과정을 반복한다.

나는 지난 1년간 월 1천만 원을 버는 지식창업자와 월 1억 원을 버는 지식창업자의 실제 사례를 분석해서 위와 같이 총 15단계로 정리했다. 누군가 특별한 사람만이 할 수 있는 길이라면, 이 책을 쓰는 의미가 사라진다. 이미 누군가는 했고, 하고 있으며, 수많은 사람들이 이 방법을 통해 성공의 길로 나아가기 위해 노력하고 있다. 성공의 길로 나아가는 지도는 주어졌다. 밖으로 나가는 발걸음을 떼느냐, 떼지 않느냐는 모두 당신의 의지에 달려있다.

누구나 성공할 수 있는 슈퍼커넥팅 전략

❝궁하면 변해야 하고, 변하면 통하나니, 통하면 오래갈 수 있다.**❞**
— 주역

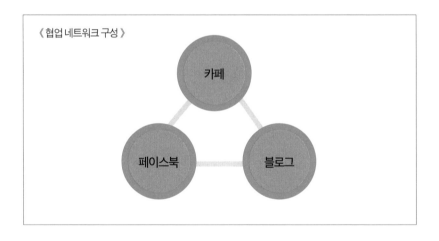

《협업 네트워크 구성 》

카페

페이스북

블로그

사람인 人 한자를 풀이하면, 두 사람이 서로 의지한 모양이다. 혼자 사는 삶이 아니라, 더불어 사는 삶이 의미있다는 것을 선인들의 지혜를 통해 배울 수 있다. 아무리 뛰어난 사람도 혼자서는 큰일을 이룰 수 없다.

비범한 한 사람이 만들어낸 뛰어난 결과보다 평범한 사람들이 다 함께 만든 비범한 결과가 더 큰 의미를 갖는다. 플랫폼도 이와 같이 하나만 사용할 때보다 함께 결합되어 사용될 때 더 큰 시너지 효과를 발휘한다. 성공적인 지식창업자로서 활동하기 위해 플랫폼들을 결합해서 하나의 통합된 플랫폼처럼 사용하는 방법을 '슈퍼커넥팅 전략super connecting strategy'라고 한다.

"슈퍼 커넥팅 전략은 다음의 3단계로 이루어진다."

첫 번째로 슈퍼커넥팅 전략을 사용하기 위해서는 페이스북, 블로그, 카페 중에서 나에게 가장 잘 맞는 하나의 중심 플랫폼을 정해야 한다. 이를 정한 뒤에는 중심 플랫폼을 디자인하고, 콘텐츠를 생산하고, 고객층target을 관리하는데 가장 많은 돈과 시간과 노력을 쏟아야 한다. 많은 지식창업자들이 카페를 중심 플랫폼으로 운영하고 있지만, 그렇다고 해서 모든 사람이 카페를 중심 플랫폼으로 정할 필요는 없다. 나는 페이스북 개인 계정과 페이스북 페이지, 그룹을 함께 운영함으로써 페이스북을 중심 플랫폼으로 지정해서 사용하고 있다. 마케팅을 전문적으로 하지 않는 이상 세 개의 플랫폼에 모두 능숙한 사람은 많지 않다. 중요한 것은 각각의 플랫폼의 특성을 잘 이해한 뒤에 나에게 가장 잘 맞고 익숙한 플랫폼을 선정해서 나만의 무대를 만들어 나가는 것이다.

나에게 가장 잘 맞는 중심 플랫폼을 선정한 뒤에는 플랫폼 간에 연결

고리를 만들어야 한다. 가장 기본적인 원리는 많은 사람들에게 빠르게 확산되는 페이스북의 특성을 활용해서 덩치가 큰 카페와 블로그(카페와 블로그 둘 다 검색이 되지 않으면 사람들이 들어올 수 없다)를 마케팅하는 것이다. 단 한 번의 포스팅이나 단기간의 노력을 통해서는 세 개의 플랫폼을 잇는 연결고리를 만들 수 없다. 자신만의 원칙과 횟수를 정해서 지속적으로 글을 작성하고 포스팅하는 노력이 필요하다. 예를 들면, 일주일에 1번씩 블로그와 카페에 칼럼을 올리고 이를 페이스북을 통해 포스팅하는 식이다.

나는 블로그에 글을 올린 뒤에 페이스북을 통해 블로그의 글을 다시 포스팅(페이스북에 글을 올리는 것)한다. 중요한 글인 경우 페이스북 유료 광고를 통해 더 많은 사람들에게 확산을 시킨다. 이 방법은 많은 사람들에게 우수한 블로그 글을 노출 시킬 수 있고, 그로 인해 블로그 방문자 증가 및 검색 지수를 상승시킬 수 있다. 아무리 좋은 블로그 글도 검색에 노출되지 않으면 묻혀버린다. 그래서 블로그 포스팅은 밖으로 퍼져나가는데 한계가 있다. 하지만 페이스북은 많은 사람들에게 퍼져나가는 확산성이 강하다. 두 플랫폼이 함께 결합되었을 때 만들어지는 시너지 효과는 배가된다.

많은 사람들이 블로그 하나만을 보고 글을 쓴다. 하지만 나는 페이스북 포스팅을 위해 블로그 글을 작성한다. 페이스북에 포스팅할 것을 생각하고 블로그 글을 작성하는 것이다. 이때, 주의해야 할 사항은 블로그 글에 들어가는 첫 번째 이미지(16:9비율이 가장 좋다)가 페이스북 포스팅에 보이는 첫 번째 이미지가 되므로 블로그에 넣을 첫 번째 이미지를 만들 때는 메인 문구(사람들을 끌어당길 만한 핵심적인 한 줄)와 제목(주제)을 넣어야 한다는 것이다.

　카페 역시 블로그와 같은 특성을 지니고 있다. 아무리 좋은 글이 쌓여 있어도 검색이 되지 않으면 우수한 콘텐츠가 많은 사람들에게 알려지지 않는다. 나는 카페에 매주 쓴 칼럼 가운데 베스트 칼럼을 엄선해서 제목과 함께 주소^{URL}을 넣어서 페이스북을 통해 포스팅한다. 이는 해당 분야에 관심 있는 타깃층을 유입시킬 뿐만 아니라, 많은 사람들에게 필요한 정보를 전달해주는 효과가 있다. 글을 읽고 콘텐츠에 공감한 사람들이 댓글을 통해 다른 사람을 태그^{tag} 하는 경우도 있고, 나중에 따로 모아두고 보기 위해서 공유하는 경우도 있다. 이는 페이스북 내에서 더 많은 사람들에게 확산을 일으키는 역할을 한다.

　마지막은 협업 네트워크를 구성하는 것이다. 카페는 블로그에게 페이스북은 부스터와 같다. 한 번 장착해두면 어떤 콘텐츠라도 많은 사람들에게 확산시킬 수 있다. 이러한 부스터를 최고급 사양으로 업그레이드하는 것이 협업 네트워크이다. 페이스북의 콘텐츠는 더 많이 '좋아요'가 눌릴수록, 댓글이 많이 달릴수록, 공유가 많이 이루어질수록 더 많은 사람들에게 콘텐츠가 전달된다. 협업 네트워크란 지인들과 함께 품앗이하듯이 페이스북에서 좋아요를 눌러주고, 댓글을 달아주고, 공유를 해주는 관계를 말한다. 이는 자연스럽게 블로그와 카페에서 활동으로 이어질 수 있도록 만드는 효과도 있다.

협업 네트워크가 커지면 커질수록 플랫폼의 영향력은 확장되고, 콘텐츠의 확산 범위는 넓어진다. 나는 지인들과 함께 협업 네트워크를 만들었다. 자신들이 콘텐츠를 올릴 때마다 카카오톡의 단체 카톡방을 통해 이를 알리고, 모두가 함께 좋아요, 댓글, 공유를 눌러주는 공동체를 만든 것이다. 플랫폼 간의 결합을 넘어서 사람들 간의 협력 관계를 만드는 것은 상상하지도 못한 효과를 만들어낸다.

지금까지 성공적인 지식창업자가 되기 위한 플랫폼을 만들고 운영하는 방법에 대해 다루었다. 이 책은 SNS 마케팅 이론서가 아니므로 전문적인 용어에 대한 자세한 방법론은 다루지 않았다. 세부적인 사항에 대해 다루다 보면 책이 전달하고자 하는 바를 벗어나서 마케팅 이론서로써 인식될 수 있기 때문이다. 궁금한 사항은 메일을 통해 문의하면 직접 답변해주거나, 도움이 될 만한 책을 추천해줄 수 있다. 추가적으로 페이스북 마케팅에 관한 실전적인 조언들은 목차 중 '5천 팔로워를 완성하는 3-1법칙'을 통해 얻을 수 있다.

Chapter **04.**

퍼스널 브랜딩으로
나를 알려라

돈이 따라오는 영향력의 법칙

"성공한 사람보다는 가치 있는 사람이 되라.**"**

— 알버트 아인슈타인

나는 모든 사람들이 이 세상에 태어난 이유가 있다고 믿는다. 사람들은 이 세상에 태어난 소명이 있으며, 그 소명을 다하기 위해 우리에게는 특별한 능력이 잠재되어있다. 지식창업자는 개개인이 가진 소명을 다하기 위해 자신이 가진 특별한 능력을 발휘하는 일이다. 이 일은 자신의 능력을 발휘하는 것을 넘어서 많은 사람들에게 선한 영향력을 전달할 수 있다.

영향력의 법칙에 따르면, 당신이 더 많은 사람들에게 영향을 미칠수록 당신은 더 큰 부를 얻는다. 1명에게 서비스를 제공하는 사람은 1명에 따른 영향력을 얻는다. 이 숫자가 1만 명을 넘어서 10만 명, 100만 명이 되는 순간 당신의 영향력은 당신에게 엄청난 부를 안겨줄 것이다. 성공한 많은 지식창업자들은 이와 같이 많은 사람들에게 영향력을 미치는 위치에 있으므로, 그에 따른 부는 성공적인 지식창업자로서 살아가는 부가적인 요소이다.

이는 역사적으로도 증명된 법칙이다. 세상에 모든 부자들은 영향력의 법칙을 따른다. 베스트셀러 작가는 수십만 명의 사람들에게 책을 판매함으로써 많은 돈을 저작료로 번다. 작곡가는 사람들이 좋아하는 곡을 창작함으로써, 세계적인 스타들은 수백만의 사람들을 즐겁게 함으로써, 유명한 운동선수들은 수백만의 관중들을 즐겁게 함으로써 천문학적인 돈을 벌어들인다. 부자들의 돈을 따라가다 보면 그 끝에는 엄청난 영향력의 법칙이 작동하고 있다.

지식창업자의 삶도 이러한 영향력의 법칙을 벗어나지 않는다. 성공적인 지식창업자들은 수많은 사람들에게 자신들의 지식과 경험을 전달한 사람들이다. 영향력은 많은 사람들에게 작은 영향력을 발휘하거나 적은 사람들에게 큰 영향력을 발휘하는 방법으로 확장시킬 수 있다. 지식창업자로서 삶을 살아가는 사람들은 이 두 가지 방법을 동시에 사용하게 된다. 나만의 플랫폼을 통해서 수많은 사람들에게 나만의 콘텐츠를 전달하게 된다. 이는 많은 사람들에게 작은 영향력을 발휘하는 일이다. 나의 콘텐츠를 보고 책을 구매하거나 강연을 들으러 오거나 1:1 컨설팅을 받는 사람들이 생기는 것은 적은 사람들에게 큰 영향력을 발휘하는 방법이다.

영향력을 넓히는 또 다른 방법은 이미 영향력을 갖춘 사람들과 함께 일하는 것이다. 영향력은 서로 합쳐질 때 더 커진다. 유튜브 스타들은 서로 함께 방송에 출연하고, 유명한 작가들은 함께 저자 강연회를 연다. 우수한 선생님들은 함께 수업을 기획하고, 유명 연예인들이 함께 출연한 영화는 더 큰 영향력을 발휘한다. 이미 영향력이 있는 사람과 함께 일한다는 것은 나 또한 비슷하거나 동등한 영향력을 갖는다는 것을 의미한다. 이를 위해 내가 성공한 사람일 필요는 없다. 나와 비슷한 수준의 사람과 힘을 합침으로써 조금 더 큰 영향력을 발휘하고, 그 영향력을 통해 조금 더 큰 영향력을 가진 사람과 일을 할 수 있다. 일부 소수의 경우를 제외하고 영향력은 단계적으로 확장되는 것이다.

나는 영향력을 넓히고 많은 사람들과 소통하기 위해 다양한 방법을 시도했다. 가장 중요한 것은 지금까지 이 책에 제시된 방법을 충실히 따르는 것이다. 이 책에 제시된 성공의 8단계는 수많은 성공한 지식창업자들이 제시한 방법들 중에서 공통적인 내용만을 뽑아서 정리한 것이다. 처음부터 큰 영향력을 갖는 것은 불가능하다. 처음부터 책에 제시된 방법에 따라 한 단계 한 단계씩 따라가는 것이 중요하다. 어느 순간 당신은 당신의 또래와 비교될 수 없을 정도로 큰 영향력을 가진 위치에 올라가 있을 것이다.

영향력을 3배 이상 확장하는 글쓰기 노하우

> **❝**멈추지 말고 한 가지 목표에 매진하라. 그것이 성공의 비결이다.**❞**
> ― 안나 파블로바

세계적인 마케팅 전문가 데이비드 오길비는 "광고 헤드라인이 매출에 도움이 되지 않는다면 당신은 예산의 80%를 낭비한 것이다"라는 유명한 말을 남겼다.

플랫폼에는 수많은 콘텐츠가 존재한다. 이 중에서 첫 문장은 사람들의 눈에 들어오는 첫 번째 요소이니만큼 확실하게 사람들을 이끄는 힘을 가져야 한다. 사람들을 끌어당기기 위해서는 사람의 심리에 대해서 이해해야 한다. 사람의 심리에 대한 이해를 바탕으로 해야만 성공적인 첫 문장을 구성할 수 있다.

많은 사람들은 희소성의 법칙에 반응한다. 사람들은 귀한 것들에 욕망을 느낀다. 세상에서 가장 아름다운 여인, 세상에서 가장 아름다운 다이아몬드, 전 세계적으로 단 10명 만이 소유한 람보르기니, 모두 사람들의 욕망을 자극한다. 이에 따라 숫자에 제한을 두거나 자격에 제한을 두는 것이 효과적이다. '선착순 5명'과 같은 제한을 걸어두거나 '추천자에 한해'라는 문구를 넣는 것이다.

나는 페이스북을 통해 포스팅을 공유하고 댓글을 남긴 선착순 5명에 한 해 '페이스북 마케팅 시크릿 노하우know-how'를 보내준다는 글을 올린다. 이는 많은 사람들의 호기심과 욕망을 자극하고 내가 가진 지식과 노하우가 더 많은 사람들에게 전달될 수 있도록 돕는다.

또 다른 심리적인 반응으로는 편승 효과가 있다. 사람들은 누구나 많은 사람들이 가는 길은 증명된 올바른 길이라 믿고, 그 길을 가고자 하는 경향이 있다. 100만 명이 인정한 베스트셀러, 지난 10년간 10만 명이 넘는 사람들을 통해 효과가 입증된 비타민. 이는 모두 '나도 한 번 사볼까?' 하는 생각을 들게 만든다.

나는 강연을 알릴 때 '지난 1년간 1,000명 이상의 사람들의 삶을 바꾼 강의'라는 글을 올린다. 이와 함께 강연을 하는 모습이 담긴 사진이나, 동영상 후기가 있다면 그 효과는 더욱 커진다. 이는 1:1 컨설팅을 하거나 책 또는 브랜드 제품을 판매하고 마케팅할 때에도 동일하게 적용된다.

보상 심리에 따라 글의 내용을 정하는 방법도 있다. 하겐다즈 아이스크림 1+1 특별 판매, 다이소 전 제품 50% 할인 판매. 책을 쓰기 위해 만든 예시들이지만, 이는 추가적인 제품 구성이나 파격적인 할인 혜택을 통해 보상을 받고 싶은 사람의 심리를 자극하는 효과적인 방법이다. 나는 책을 구매할 경우에 아름다운 캘리그라피로 자신만의 이름이 새겨진 책갈피를 주는 프로젝트를 진행하거나 강연 사전 예약 기간 동안 신청한 사람들에게 20% 할인된 가격을 제시하는 방법을 활용했다. 이 외에도 다양한 방법으로 플랫폼에 글을 올리고, 콘텐츠를 알리는데 이를 활용할 수 있다.

첫 문장을 시작했으면, 이제 사람들의 마음을 움직이는 글을 쓸 차례다. 세계적인 역사학자 훔볼트는 "인간은 언어가 보여주는 대로 현실을 인식한다."라고 이야기했다. 내가 사용하는 언어가 사람들을 행동하도록 만들 수도 있고, 행동하지 않도록 만들 수도 있다. 지식창업자로서 살아가는 삶의 가장 중요한 소명은 내가 가진 지식과 경험을 통해 다른 사람의 어려움을 해결하고 더 나은 삶을 살아가도록 돕는 것이다. 가장 설득력이 높은 글은, 사람들이 처한 문제 상황을 찾고 그것에 대한 해결책을 명확하게 제시해주는 글이다. 예를 들면, 진로로 고민하는 사람들에게, 지식과 경험을 통해 돈을 버는 지식창업자로서의 삶을 제시하고, 성공적인 지식창업자로서 살아가는 방법에 대해 이야기 하는 것이다.

또 다른 글의 전개 방식은 돈과 연결지어 설명하는 것이다. 많은 사람들이 돈을 버는 방식에 관심을 기울이기 시작하면서, '10년 안에 꼬마 빌딩 한 채 사기, 1년에 아파트 10채 갖기, 6개월에 월 천만 원을 버는 사업 노하우'와 같이 자극적인 문구들이 주목을 받고 있다. 이는 사람의 자연스러운 본성이자 욕망이다.

나는 보이지 않는 가치를 전달하는 방법으로 돈과 연결지어 글을 쓰는 노하우를 활용한다. 자신의 삶의 특별한 가치를 일깨워주기 위해 '당신의 심장을 100억 원에 파시겠습니까?' 라는 글을 올리기도 하고, 강의를 듣는 시간이 얼마나 소중한지 알려주기 위해 '이 강의의 가치는 당신이 미래에 벌어들일 10억 원의 가치와 동일합니다.'와 같은 말을 쓰기도 한다.

나는 글을 쓸 때 추상적으로 쓰는 것도 피한다. 최대한 구체적으로 쓰려고 노력한다. 이는 사람으로 하여금 더 구체적으로 상상하게 만드는 효과를 가지고 있다. 예를 들어, 단순히 '저는 외국어를 능숙하게 구사할 수 있습니다.'라고 쓰는 것보다 '저는 호주에서 25년간 살다 온 경험이 있으며, 외국인과 정치, 경제, 문학에 대해 영어로 이야기하는데 전혀 문제가 없습니다.'라고 쓰는 것이 더 효과적이다.

나는 강연을 마치고 사람들에게 강연에 대한 피드백을 받을 때에도 최대한 구체적으로 적어달라고 요청한다. 단순히 '강연이 좋았습니다.'라고 쓰는 것보다 '이 강연을 통해 내가 가진 경험과 지식이 얼마나 가치 있느지 깨달았습니다. 남은 삶을 더욱 특별하게 살아가기 위해 노력하는 계기가 되었습니다.'라고 쓰는 것이 더 가슴에 와 닿는다. 추상적인 단어를 피하고 구체적으로 쓰는 글은 이와 같이 오랫동안 뇌리에 남는다.

이렇게 쓰는 글에 유머와 창의성이 담겨 있다면 더할 나위 없이 훌륭하다. '멍청하게 죽는 6가지 방법'이라는 제목의 글이 있어서 유심히 살펴본 적이 있다. 제목부터가 큰 궁금증을 불러일으켰었다. 첫 번째는 머리카락에 불붙어서 죽는 경우, 두 번째는 괜히 막대기로 곰을 찔러서 잡아먹히는 경우, 세 번째는 유통기한이 지난 약을 들이부어서 꼴까닥 하는 경우, 네 번째는 토스트 빵을 포크로 꺼내다가 전지에 지져 죽는 경우, 다섯 번째는 빨래 건조기 안에 숨었다가 영혼까지 탈탈 건조되는 경우이다. 그림과 함께 재미있게 표현이 되어 있어서 마지막 여섯 번째는 무엇일까 봤다가 크게 웃었던 경험이 있다. 마지막은 이 책을 몰라서 억울해 죽는 경우이다. 유머를 통해 사람들에게 탁월하게 책을 알리는 글을 작성했다. 이를 적절히 활용한다면, 유머와 창의성이 담긴 또 다른 글을 쓸 수 있을 것이다.

유머와 창의성은 무에서 유를 창조하는 일이 아니다. 기존에 훌륭하게 나온 글들과 콘텐츠를 나의 관점에서 다시 한 번 풀어보면 훌륭한 콘텐츠가 탄생할 수 있다. 이러한 관점에서 생각하면 '멍청하게 죽는 6가지 방법'이라는 콘텐츠를 다양한 제목과 내용으로 재구성할 수 있다. 첫 문장을 쓰는 것을 넘어서 많은 사람들이 보고 도움을 받을 수 있는 콘텐츠를 만드는 것은 성공적인 지식창업자로서 나아가는 기본이다.

처음부터 완벽한 것은 이 세상 어디에도 없다. 사람 또한 완벽을 향해 나아가는 미완성의 존재인데 하물며 글쓰기는 어떻겠는가. 사람들을 끌어당기는 매력적인 글쓰기는 어려운 일이지만, 이 책에 나온 노하우를 하나씩 하나씩 연습해 나간다면 3개월도 채 되지 않아 당신만의 매력적인 글을 완성시킬 수 있을 것이다. 수많은 사람들이 이를 성공시켰다. 그렇다면 당신도 할 수 있다.

5천 팔로워를 완성하는 3-1 법칙

"자기가 처음에 생각했던 이상을 잊으면 안 된다.
당신의 꿈은 세상에서 최고로 위대한 것이다.**"**
— 마윈

Facebook's mission is to give people the power to share and
make the world more open and connected

이는 페이스북의 사명이다. 페이스북의 사명에는 개방(open)과 연결 (connected)라는 단어가 핵심으로 들어가 있다. 이는 페이스북의 비전이 '사람과 세상을 연결하기'이기 때문이다. 페이스북은 확산 속도와 범위에 있어서 최고의 마케팅 플랫폼이다. 지식창업자로서 삶을 살아가는 이들에게는 강력한 성공의 도구와 같다. 전 세계 경제 활동인구 절반이 페이스북을 사용한다. 인류 역사상 단일 플랫폼으로 15억 명의 마케팅 시장이 형성된 적은 없었다. 이러한 페이스북을 보다 효과적인 플랫폼으로 활용하기 위해서는 페이스북의 시스템에 대한 이해가 필수적이다.

페이스북의 '좋아요' 기능은 도달과 확산 시스템을 기반으로 한다. 이는 단순한 '좋아요'를 넘어서 자신만의 콘텐츠를 더 많은 사람들에게 도달하고 확산될 수 있도록 하는 핵심적인 장치가 된다. 이는 어렵지 않은 원리를 기반으로 하므로, 누구나 적은 노력과 비용으로 큰 효과를 거두는 마케팅에 도전할 수 있도록 한다.

페이스북은 또한 타깃 마케팅 시스템을 기반으로 한다. 페이스북을 통해 광고를 하면 무작위 100만 명에게 콘텐츠를 노출시키는 것이 아니라, 관심사, 나이, 연령대, 지역, 국가등을 지정한 타깃층 100만 명에게 나만의 콘텐츠를 알리고 확산시킬 수 있다. 이와 함께 페이스북은 비슷한 나이, 지역, 직장, 학교, 종교, 연애 관계를 기반으로 '알 수도 있는 친구'를 연결해준다.

나의 개인정보에 '고려대학교'를 입력하면, 곧 '알 수도 있는 친구'에 고려대학교와 관련된 사람들의 프로필 사진들이 올라온다. 우리가 페이스북에 제공하는 모든 정보는 이러한 타깃 마케팅을 위한 연결 고리가 되는 것이다. 타깃 마케팅이 현존하는 최고의 마케팅 시스템이라고 할 때, 페이스북은 SNS를 기반으로 한 최고의 비즈니스 플랫폼이다.

페이스북에서 5천 명의 팔로워가 있는 사람은 영향력의 법칙에 따라 폭넓은 영향력을 가지고 있는 사람이다. 영향력의 법칙에 따르면 사람들은 비슷한 영향력이 있는 사람들을 만나게 된다. 페이스북에서 사람들이 친구를 수락해주는 기준도 이와 비슷하다. 사람들은 자신과 비슷하거나 그 이상이라고 느껴지는 사람을 친구로 받아주는 경향이 있다. 그렇기 때문에 나를 신뢰감 있는 이미지로 만드는 퍼스널 브랜딩이 중요하다. 이장에서는 시각적 디자인을 바탕으로 한 퍼스널 브랜딩에 대해 다룰 것이다. 본격적인 퍼스널 브랜딩에 대한 이야기는 7장에서 살펴보도록 한다.

페이스북에서 퍼스널 브랜딩의 시작과 끝은 프로필과 커버 이미지이다. 나는 신뢰감 있는 이미지를 주기 위해서 정장을 입은 모습으로 전문 프로필 사진을 촬영했다. 비록 프로필 사진의 사이즈는 180×180픽셀에 불과하지만 페이스북 플랫폼의 마케팅을 최전방에서 주도한다.

커버 이미지는 상황에 따라 다양한 이미지를 활용한다. 수많은 사람들을 앞에 두고 강연을 하는 사진을 설정하기도 하고, '세움영어' 브랜드 로고 이미지를 활용하기도 한다. 이를 바탕으로 지속적으로 콘텐츠를 업로드하면 나만의 시각적인 퍼스널 브랜딩이 완성된다.

시각적인 디자인을 바탕으로 퍼스널 브랜딩이 이루어진 상태에서 당신이 가지고 있는 5천 명의 친구들은 단순히 무작위로 선정된 대상이 아니라, 나의 분야에 관심을 가질만한 잠재적 고객층이어야 한다. 나는 5천 명의 타깃층을 선정하기 위해서 '영어' 분야에서 많은 성공을 거둔 사람들의 게시물에 댓글을 단 사람들을 중심으로 친구 추가를 이어나갔다. 이를 전문 용어로 타깃팅^{targeting}이라고 한다.

페이스북은 친밀도와 관계성이 높을수록 뉴스피드에 더 잘 노출이 된다. 친밀도와 관계성은 내가 얼마나 많이 사람들과 소통했는지를 여부로 결정된다. 그렇기 때문에 단순히 친구 추가에서 끝나는 것이 아니라, 친구 신청을 수락한 친구들의 게시물에 '좋아요'를 눌러주고, 댓글을 달아주고, 메시지를 통해 나에 대한 간단한 소개를 보내주는 것이 도움이 된다.

나는 새롭게 친구가 된 사람들에게 나의 활동을 하나로 모은 이미지 파일^{portfolio}을 만들어서 간단한 자기소개와 함께 메시지를 보낸다. 이는 나를 새로운 사람들에게 소개할 뿐만 아니라, 잠재적인 고객들에게 내 브랜드를 알리는 효과도 있다. 상대방의 게시물에 들어가서 좋아요를 눌러주고, 하나의 댓글을 남겨주는 것도 잊지 않는다. 작은 노력이 쌓여야 큰 결과를 만들어내는 것을 알기 때문이다.

마지막으로 중요한 것은 콘텐츠이다. 페이스북을 통한 글쓰기는 사람들이 참여할 수 있는 질문형, 참여유도형 글쓰기를 해야 한다. 통계에 따르면, '좋아요' 눌러주기를 부탁한 게시물에는 3배 이상 높은 좋아요가 눌리며, '댓글'을 달아달라고 부탁한 게시물에는 3.3배 더 많은 댓글이 달리고, '공유하기'를 부탁한 게시물은 7배 높은 공유율이 나온다고 한다.

최근에 올린 게시물은 '새롭게 유튜브 채널을 시작합니다. 어떤 제목이 좋을까요? 댓글을 통해 알려주세요. 선정된 사람에 대해 스타벅스 3만 원 기프티콘을 드립니다!'이다. 이는 평소에 올린 글보다 2배 이상 많은 좋아요와 댓글이 달렸다. 질문과 참여유도를 함께 글 속에 넣음으로써 더 많은 사람들에게 확산되도록 만든 것이다. 여기서 협업 네트워크의 힘이 발휘된다. 내가 올린 포스팅을 초반에 함께 공유해주고, 댓글을 달아주고, 좋아요를 눌러주는 사람들이 있다면 언제든지 성공적으로 나만의 콘텐츠를 수많은 사람들에게 확산시킬 수 있다.

이 모든 것이 성공적으로 이루어지더라도 페이스북의 알고리즘을 알지 못하면, 콘텐츠가 확산되는 속도가 느려질 수 있다. 페이스북이 공개한 알고리즘 중 가장 중요한 것이 엣지랭크이다. 엣지랭크를 높이는 콘텐츠를 만들어야 친구들의 뉴스피드 상단에 노출될 수 있다. 엣지랭크를 높이는 방법은 세 가지가 있다.

"엣지랭크의 세 가지 알고리즘"

- 친밀도: 공유 > 댓글 > 좋아요 > 클릭
- 가중치: 동영상 > 사진 > 글 또는 링크
- 관계성: 최근 게시물 또는 자주 소통하는 친구의 게시물

엣지랭크에 따르면 단순한 클릭보다는 '좋아요'가, 좋아요 보다는 댓글이, 댓글보다는 공유가 더 큰 가중치를 갖는다. '좋아요'가 많은 글보다는 공유가 많은 글이 사람들에게 더 빠르고 멀리 확산된다. 콘텐츠에 대한 가중치도 있다. 단순한 글 보다는 사진이, 사진보다는 동영상이 가중치가 높다.

나는 주로 사진과 함께 내 스토리를 담아서 올리는 편이다. 강연한 사진과 함께 강연이 주는 가치를 구체적으로 적어서 올린다. 마지막으로 관계성에 대한 가중치가 있다. 나와 자주 소통하는 사람의 게시물이 더 많이 뉴스피드에 올라온다. 소통은 공유, 댓글, 좋아요로 이루어진다. 나는 자투리 시간에 최대한 많은 사람들의 글에 좋아요를 눌러주고, 댓글을 달아준다. 이를 통해 내가 나중에 포스팅을 했을 때 상대방의 뉴스피드에 내 글이 올라올 확률이 높아지기 때문이다.

페이스북의 두 번째 알고리즘은 스토리 범핑이다. 스토리 범핑은 시간이 좀 지났더라도 다른 사람 또는 친구들로부터 여전히 많은 좋아요와

댓글을 받은 글이 뉴스피드에 상단에 올라오는 것이다. 나는 이러한 원리를 활용해서 내 게시물에 달린 댓글을 한 번에 다 답변해주지 않는다. 나는 1시간에 하나씩 댓글에 답변을 달아준다. 다시 한 번 내 댓글을 통해 게시물이 뉴스피드의 상단에 노출되도록 만드는 것이다. 이를 스토리 범핑이라고 한다. 이를 활용하면 죽어가던 게시물도 다시 살리는 심폐소생술이 가능하다.

마지막으로 알아두면 유용한 페이스북의 알고리즘은 라스트 액터이다. 페이스북은 최근에 가장 자주 소통했던 친구 50명을 선정해서 내 뉴스피드에 그들의 글을 더 자주 노출시켜준다. 이 알고리즘의 가장 중요한 원리는 상호작용에 의한 관계성 지수이다. 관계성은 사람들과 얼마나 많은 소통을 했는가에 따라 결정된다. 이 관계성 지수가 높을수록 내 포스팅이 친구들의 뉴스피드에 노출될 확률이 높다. 나의 포스팅에 공유와 댓글, 좋아요를 잘 눌러주는 50명의 친구들이 페이스북 플랫폼을 운영하는 가장 중요한 역할을 담당할 비밀 전사들이 될 것이다.

그러면 나는 실제 어떻게 포스팅을 할까. 페이스북에 관한 통계에 따르면 최적의 포스팅 시간은 낮보다 밤이 좋다. 오전 출근 시간 1시간 전, 점심시간 1시간 전, 저녁 시간 1시간 전 취침 전인 밤 10시에서 11시 사이가 좋다. 가장 많은 사람들이 페이스북을 활발하게 하는 시간대이기 때문이다. 또한 Buddy Media Report에 따르면 글을 80자 이내로 짧게 작성하는 것이 그 이상일 때보다 약 27% 높은 클릭률을 보인다.

이러한 원리를 바탕으로 해서 나는 주로 5시에 포스팅을 올린다. 선명도가 높고, 얼굴이 잘 드러나는 사진과 함께 80자 이내의 글을 올리는데, 글은 의미 있는 스토리를 담기 위해 노력한다. 하나의 글을 올리기 위해 자투리 시간을 활용해서 3일을 기획하는 경우가 많고, 글의 내용에 따라 사진을 촬영하는 경우가 많다.

포스팅을 올린 직후, 보통 1시간 이내에 게시물의 생명력이 결정된다. 1시간 이내에 많은 사람들에게 확산되는 포스팅은 지속적으로 더 많은 사람들에게 확산될 가능성이 높지만, 그렇지 못한 포스팅은 친구들의 수많은 포스팅 사이로 사라질 가능성이 높다. 그렇기 때문에 협업 네트워크를 활용해서, 1시간 이내에 최대한 많은 공유와 댓글, 좋아요를 눌러놓는다. 1시간마다 댓글에 답변을 달아서 포스팅이 다시 뉴스피드 상단에 올라올 수 있도록 관리한다. 포스팅을 올린 직후 새롭게 친구추가를 하는 것도 좋은 방법이다. 최근 친구에게 내 뉴스피드가 도달할 확률이 높기 때문이다.

마지막으로 5천 팔로워를 만드는 '3-1법칙'의 꽃은 '1'에 있다. 아무리 위에서 설명한 '3'을 완벽하게 따르더라도 '1'을 지키지 않으면 모든 법칙은 제로가 된다. '1'의 핵심은 매일 꾸준히 SNS를 하는 것이다. 하루한 번 포스팅을 하고, 매일 친구들의 게시물의 좋아요와 댓글을 달아주고, 매일 타깃팅에 맞는 사람들을 친구 추가하는 것이 페이스북 플랫폼 운영의 핵심이다. 나는 이 모든 원리를 통해 500만 명 이상 방문하고 3만

4천 명의 팬이 있는 페이스북 페이지를 운영하고 있으며, 매일 5천 명이 넘는 사람들과 활발하게 소통하고 있다.

나는 이 간단한 원리를 온라인과 오프라인을 통해 만 명이 넘는 사람들에게 알려주었다. 하지만 실제 이를 통해 성공한 사람들은 많지 않다. 대부분은 매일 꾸준히 하는 '1'을 실천하지 못해서 실패하고 만다. 지식창업자로서 성공하기 위해서는 반드시 정복해야 할 플랫폼이 페이스북이다. 페이스북을 통해 새로운 세상을 만나고, 인생을 바꾸는 기회를 얻을 수도 있으며, 소중한 인연이 되는 사람을 만날 수 있다. 누구나 따라 할 수 있는 '3─1법칙'을 통해 당신도 새로운 당신만의 무대를 만들 수 있기를 바란다.

당신의 삶을 변화시킬 메라비언의 법칙

"세계를 변화시키려고 하는 사람은 먼저 자기를 변화시켜야 한다."
— 소크라테스

우리가 자세를 조금만 바꾼다면 훨씬 더 나은 인생을 살아갈 수 있다. 믿기지 않는다면, 지금부터 할 얘기들에 조금 더 주의를 기울이는 것이 좋다. 사람들은 보디랭귀지에 매료되곤 한다. 특히 우리는 다른 사람들의 보디랭귀지에 관심을 기울인다. 처음 소개팅을 나간 자리에서 눈빛을 마주쳤을 때, 눈을 피하는지 바라본다던가, 팔짱을 낀다던가 하는 행동들은 우리의 관심을 끈다.

보디랭귀지는 다양한 표현을 가능하게 한다. 엄지손가락을 들어서 '최고'라는 의미를 표시할 수도 있고, 눈빛만으로도 사람을 무시하거나 사랑한다는 표현을 보낼 수 있다. 비언어적인 행동이나 보디랭귀지를 사회과학자들은 보통 비언어라고 부른다. 의미를 전달한다는 측면에서 이것도 일종의 언어인 셈이다. 비언어의 힘이 얼마나 강력한 것인지는 캘리포니아 대학교의 심리학과 교수인 앨버트 메라비언을 통해 증명되었다. 이는 '메라비언의 법칙'으로 불리는데, 한 사람이 상대방으로부터 받는 이미지는 시각이 55%, 청각이 38%, 언어가 7%에 이른다는 법칙이다.

시각적 이미지는 자세, 용모와 복장, 제스처 등 외적으로 보이는 부분을 말하며, 청각은 목소리의 톤이나 음색처럼 언어가 목소리로 표현되는 형태를 말하고, 언어는 말의 내용을 의미한다. 많은 사람들이 소개팅을 나가서 어떤 얘기를 할까 고민하는데 시간을 쏟지만, 정작 어떤 비언어를 구사할지에 대해서는 신경 쓰지 못한다. 메라비언의 법칙에 따르면, 대화를 통하여 상대방에 대한 호감 또는 비호감을 판단할 때 말의 내용이 차지하는 비중은 7%로 비중이 낮다. 이 정도면 낮은 수준을 넘어서 거의 미비한 정도이다.

반면에 말을 할 때의 태도나 목소리 등 말의 내용과 직접적으로 관계가 없는 요소가 93%를 차지하여 상대방으로부터 받는 이미지를 결정한다. 예를 들어, 소개팅 자리에서 남자가 전혀 씻지도 않은 상태로 나와서 불안한 눈으로 상대방의 눈도 마주치지 못한 채, 미래의 꿈과 비전, 자신이 소유한 막대한 부에 대해 이야기 한다면 여자가 상대방에게 갖는 이미지는 비호감에 가까울 가능성이 높다. 아무리 언어적인 요소가 좋아도 비언어적인 요소가 긍정을 압도한다면, 상대방에 대한 이미지는 부정적으로 남을 가능성이 높다.

가벼운 데이트 자리를 넘어서 보디랭귀지가 가진 효과는 의미심장하다. 누구와 데이트를 할 것인지 선택하는 문제에서부터 누굴 고용하거나 승진하는 문제에 이르기까지 보디랭귀지가 가진 효과는 우리의 삶에 밀접하게 맞닿아있다. 이는 잠시만 생각해보면, 너무나 자명하다. 만날 때마다 다리를 떨며 불안한 모습을 보이는 사람은 데이트 상대자에서 제외될 가능성이 높다. 매일 회의 때마다 팔짱을 끼고 방관자의 자세를 취하는 신입사원 역시 승진에서 누락될 가능성이 높다.

이는 성공적인 지식창업자로서 삶을 살아가는데도 마찬가지로 중요하다. 강연을 할 때, 불안한 눈빛을 가지고 무대에 오른다든지, 책의 저자로서 사람들에게 사인을 해줄 때 다리를 떨고 있다든지, 1:1 컨설팅을 신청한 사람의 얘기를 들어주면서 방어적인 자세로 팔짱을 끼고 있는 행동은 모두 실패를 끌어당기는 비언어적 행동이다.

놀랍게도, 많은 사람들이 이런 얘기를 하면 자신은 그렇지 않다고 얘기한다. 비언어는 무의식적으로 표출되기 때문이다. 무의식적인 습관으로 굳어진 행동들은 나도 모르는 사이에 나온다. 그래서 우리는 다른 사람의 비언어적인 행동에만 주의를 기울일 뿐, 비언어적 행동에 직접적으로 영향을 받는 자기 자신에 대해서 잊어버리는 경향이 있다. 자신의 생각, 감정 그리고 인체 생리도 비언어적 행동의 영향을 받는다. 비언어적 행동으로 인해 생각이 바뀌거나 감정이 달라지거나 인체 생리가 변화하기도 한다. '과연 이것이 가능할까?' 생각되기도 할 것이다. 이에 대한 사회과학자들의 연구 결과는 놀랍다.

동물의 세계에서는 비언어가 더욱 두드러지게 사용된다. 언어로 전달할 수 있는 7% 조차 제한되기 때문이다. 오랑우탄은 세력을 확장하는 과정에서 자신을 크게 보이도록 팔을 위로 쭉 뻗는다. 몸을 쭉 늘려서 공간을 차지하며, 자신을 오픈하는 모습을 보여준다. 사람들도 이와 똑같은 행동을 한다. 자신보다 낮은 사람 앞에서는 가슴을 넓게 펴고 있다던지, 팔을 넓게 벌리는 행동을 보인다. 탁월하게 높은 힘을 가지고 있다고 생각하거나 그 순간 힘을 가진 것 같을 때 이런 모습을 보인다.

특히 흥미로운 사실은 이러한 '힘의 과시'가 본능적인 비언어라는 사실이다. 결승전에 도달한 달리기 선수들은 팔을 벌리며 환호한다. 축구 선수들이 골을 넣었을 때도 마찬가지이다. 이는 사회적으로 학습된 것이 아니다. 콜롬비아 대학교의 심리학과 교수인 제시카 트레이시의 연구에 따르면 선천적으로 눈이 보이지 않아서 이런 모습을 본 적이 없는 사람들도 육체적인 경쟁에서 이겼을 때 모두 팔을 벌리며 환호하는 행동을 한다. 그들이 결승점을 통과하고 승리한 순간, 본능적으로 사람들은 자신을 오픈하는 신체 언어를 표현한다.

이와 반대로 경기에서 지거나 친구보다 성적이 덜 나왔을 때, 우리는 어깨가 축 처졌다고 얘기한다. 자신을 오픈하는 것이 아니라 닫아버린다. 몸을 감싸 안고, 자기 자신을 최대한 작게 만들고 다른 사람과 부딪히기 싫어한다. 동물 역시 사람과 마찬가지다. 선생님이 학생을 혼내는 모습에서 이러한 두 가지 모습을 함께 볼 수 있다. 혼내는 사람은 허리에 손을 올리고 가슴을 활짝 편 반면, 혼나는 사람은 손을 모으고 몸을 살짝 숙인다. 어떤 사람이 정말 힘이 있다고 느껴지면 사람들은 자신을 움츠리는 경향이 있다. 힘이 있는 사람과 반대의 비언어적 표현을 하는 것이다.

이러한 비언어적 행동을 아는 것이 본질적으로 중요한 이유는 비언어적 행동으로 인해 실제로 생각이 바뀌거나 감정이 달라지거나 인체 생리가 변화하기 때문이다. 사람들은 행복할 때 미소를 짓기도 하지만 미소를 지음으로써 행복해지기도 한다. 마찬가지로 힘이 있는 척을 하다 보면 실제로 힘이 더 있는 것처럼 느껴진다. 지금 책을 읽고 있는 자리에서 가슴을 펴고 팔을 쭉 벌린 상태로 잠시만 자세를 지속해도 자신감이 생겨날 수 있다.

이는 삶을 훨씬 더 나은 방향으로 변화시킬 수 있는 위대한 발견이다. 쉽게 접할 수 있는 예로 중요한 강연을 앞두고 떨리고 있다면, 넓은 공터에서 팔을 넓게 펴고 크게 심호흡을 하며 나를 오픈하는 행동을 하는 것이 마음을 진정시키고 자신감을 향상시키는데 도움이 된다. 성공한 사람들을 보면 카리스마가 느껴진다. 이들이 성공했기 때문에 자신감 있는 힘의 과시를 하는 것일까 아니면 힘의 과시를 하며 자신감을 향상시키고,

생각을 더 긍정적으로 변화시켰기 때문에 성공한 것일까. 후자일 가능성이 탁월하게 높다.

　　언제나 움츠린 듯 어깨를 축 늘어뜨리고, 얼굴에 미소가 하나도 없는 얼굴로 사람들을 만나러 다닌다면, 어떤 기회도 당신을 찾아오지 않을 것이다. 실제로 현재의 삶이 나를 힘들게 할지라도 언제나 당당하게 어깨를 펴고, 자신감 있게 미소를 띠면, 생각이 긍정적으로 변화하기 시작한다. 인간관계도 나아지고, 책을 쓰던 강연을 하던 당신 곁에 함께 남고자 하는 사람들이 생기기 시작할 것이다. 나는 '행복해서 웃는 것이 아니라, 웃어서 행복한 것이다.'라는 말을 좋아한다. 아무리 힘들더라도, 항상 웃을 수 있는 사람이 진정으로 자신을 성공의 길로 이끌 것이다.

최고가 되고 싶다면 '지속적인 노력'을 하라

"나는 성공의 정의가 무엇인지 모르나 무엇이 실패인지는 알고 있다. 그것은 바로 포기이다."

— 마윈

사람은 누구나 삶을 살아가면서 세 단계를 거친다. 처음은 '열정기'이다. 처음 사랑하는 사람을 만났을 때, 하루 종일 그 사람 생각으로 가슴이 뛰고 설레는 마음에 핸드폰에서 손을 뗄 수조차 없다. 언제 연락이 올까, 24시간 머릿속이 그 사람을 떠나가지 않는다. 새로운 일을 시작할 때도 마찬가지다. 원하는 직장에 취업했을 때, 앞으로 펼쳐질 모든 일에 열정이 샘솟는다. 새로운 공간, 새로운 사람, 새로운 업무는 나를 들뜨고 흥분되게 만든다.

하지만 어느 정도 시간이 지나고 나면 마음속에 샘솟았던 열정은 온데간데없이 사라지고, 권태기가 시작된다. 예전에는 의미가 있었는데, 이제는 의미가 없다고 느끼는 시점이 찾아오는 것이다. 내가 사랑했던 사람의 단점들이 보이기 시작하고, 새로운 사람이 눈에 들어오기 시작한다. 사랑이 모든 것을 넘어서는 1순위였다면, 이제는 회사 일과 친구들과의 약속이 점점 더 중요하게 느껴진다. 새로 시작했던 회사 일도 마찬가지다. 새롭게 느껴졌던 공간은 이제 진부한 사무실이 되어버리고, 새롭게 시작했던 업무는 이제 나를 지치게 만든다. 새로운 사람들도 매일 이어지는 회식과 술자리로 인해 익숙하고 피곤한 관계로 바뀌고 만다.

이 시기를 어떻게 극복하느냐에 따라 우울기로 빠질 수도 있고 성숙기로 접어들 수도 있다. 이때 대부분의 사람들이 우울기로 빠지는 이유는 이러한 권태기가 영원할 것이라고 생각하는데 있다. 우울기로 접어들면 삶이 회색빛으로 변한다. 자신의 삶이 막다른 길에 다다랐다고 느껴지는 것이다. 이 단조로운 삶은 영원할 거야, 나는 이 삶을 벗어나지 못할 거야. 이런 생각이 굳어지면 심각한 우울증으로 빠지게 된다. 이러한 우울기를 벗어나고 성공적인 성숙기로 이행하기 위해서는 다음을 명심해야 한다.

"이 또한 지나가리라"

솔로몬 왕이 했던 유명한 말이다. 열정기의 즐거운 시간도 지나갔던 것처럼 힘든 시간도 지나간다. 다만 그 시간이 아주 늦게 지나간다고 생각될 뿐이다. 이 시간이 지나면 열정적으로 사랑했던 사람과의 관계가 편안해지고, 안정적인 관계가 된다. 지루했던 일도 능숙해지고, 많은 팀원들을 관리하는 위치로 올라가기도 한다. 사람은 자신이 느끼는 감정과 생각이 긍정으로 바뀌는 순간 성숙기에 접어들 가능성이 높다고 한다. 그래서 항상 좋은 사람들과 시간을 보내는 것, 좋은 책을 가까이하는 것, 좋은 강연을 듣는 것이 우울기에서 성숙기로 이행하는데 큰 도움을 준다.

누구나 삶에서 겪는 것과 같이 지식창업자로서 삶을 살아가면서도 이 세 단계를 반드시 거치게 된다. 처음에는 사람들을 만나고, 지식을 쌓고, 나만의 플랫폼과 브랜드를 만드는 과정이 열정적이고 재미있게 느껴진다. 사람들은 이 열정이 영원할 것이라고 착각한다. 우리가 모두 알고 있는 것처럼 열정은 떨어지기 마련이다. 열정이 높았던 사람들은 권태기를 심하게 앓는다. 모든 것이 희망차고 재미있었는데, 어느 순간 그 의미가 사라진 것처럼 느껴지기 때문이다. 그 차이가 굉장히 큰 사람들일수록 우울기가 심하게 찾아오는 것이다. '이 또한 지나가리라'라는 사실을 명심하고 우울기를 잘 넘겨서 성숙기로 접어든다면, 그때부터는 많은 일들에 자신감이 생긴다. 시련을 견디는 힘이 생겼기 때문이다.

저글링을 하는 사람들이 맨 처음 연습하는 것은 하늘로 공을 던지는 일이 아니다. 공을 바닥에 떨어뜨리는 연습을 한다. 공을 잘 떨어뜨려본 사람만이 자신감 있게 공을 던지고, 공을 높게 던질 수 있기 때문이다. 한 번 공을 떨어뜨려본 사람은 어떻게 하면 공을 떨어뜨리지 않을 수 있는지 안다. 이를 '건설적 실패'라고 한다. 평범한 시각에서 보면 공을 떨어뜨리는 것이 실패처럼 보이지만, 공을 떨어뜨리는 과정은 높이 공을 던지기 위해 반드시 필요한 과정이다.

지식창업자로서 살아가는 삶은 지금까지 없던 길을 창조해내는 과정일 수 있다. 그 과정 속에서 겪는 실패와 좌절은 우리를 우울기로 이끌지도 모른다. 하지만 항상 생각하자. '이 또한 지나가리라' 당신이 열정적으로 시작했던 과정이 지나갔던 것처럼, 막다른 길을 마주한 것만 같은 이 순간도 지나가기 마련이다. 이 과정이 끝나고 성숙기로 접어드는 순간, 당신에게 남는 것은 창조적 자신감이다. 실패와 시련을 통해 이를 극복하는 방법을 배웠기 때문이다. 무에서 유를 창조하는 것이든, 유에서 새로운 유를 창조하는 과정이든 '할 수 있다'는 자신감이 생긴다.

삶의 과정을 안다는 것은 굉장히 중요하다. 내가 지금 어느 순간에 있는지 스스로 점검할 수 있기 때문이다. 나 혼자만 겪는 일이 아니라, 누구나 삶을 살아가는 과정 가운데 겪는 일이라는 사실이 나의 힘든 상황을 극복하는데 도움이 된다. 나는 이를 통해 '지속성의 힘'을 깨달았다. 어떤 일이든 열정만 가지고 되는 일은 없다. 그 일은 지속되었을 때 비로소 빛을 발한다. 이 사실을 깨닫는 순간 당신이 성공의 길에 들어서는 것은 시간문제이다.

Chapter **05**.

내 이름으로 된
저서를 가져라

왜 당신만의 저서를 가져야 하는가

> **"**하루에 8시간씩 열심히 일하다 보면
> 결국엔 사장이 되어 하루 12시간씩 일하게 될 것이다.**"**
> — 로버트 프로스트

《뼛속까지 내려가서 써라》의 저자 나탈리 골드버그는 '나는 왜 글을 쓰는가?', '나는 왜 글을 쓰고 싶어 하는가?'란 질문에 스스로 답해보라고 말한다. 나만의 저서를 가지면 나의 가치는 측정할 수 없을 만큼 올라간다. 나는 책을 쓴 뒤 책을 읽는 위치에서 책을 쓰는 위치로, 사인을 받는 위치에서 사인을 해주는 위치로, 강연을 듣는 위치에서 강연을 하는 위치로 변했다. 한마디로 책을 쓴 후 내 인생이 달라졌다.

나만의 저서를 갖는 이유 why를 명확히 아는 것은 원고를 끝까지 완성시킬 수 있는 원동력이 된다. 책을 쓰는 과정은 결코 쉽지 않다. 평균적으로 한 권의 책을 완성시키는 데는 짧게는 6개월 길게는 1년이 넘는 시간이 걸린다. 중간에 수많은 위기와 어려움들이 책 쓰기를 방해한다. 하지만 나만의 저서를 가져야 하는 이유를 아는 사람은 책을 쓰는 과정에서 일어나는 위기나 어려움에 흔들리지 않고 끝까지 나아간다. 책을 써야 하는 이유를 아는 사람은 책을 쓰는 기간 동안 삶에서 유혹이 될 수 있는 많은 것들을 포기하는 결단을 한다. 나는 책을 쓰는 이유를 다섯 가지로 정의한다.

첫 번째로 책은 내가 가진 모든 스펙을 초월하게 만든다. 나는 영어 전공자도 아니고, 해외에서 대학을 나오지도 않았다. 심지어 나는 미국이나 영국, 호주의 땅을 밟아본 적조차 없다. 수많은 대학생들이 가지고 있는 그 흔한 TOEFL이나 TOEIC 점수도 없으며, 토스나 오픽 점수도 가지고 있지 않다. 나는 오직 나의 책과 경험을 통해 내 실력을 증명했다.

아이러니하게도 내가 한국에서만 영어를 공부했다는 사실은 많은 사람들이 공감할 수 있는 스토리가 되었다. 책을 쓰는 과정 속에서 수많은 책을 읽고, 영상을 보고, 사람들을 만나고, 그들의 영어 공부 노하우에 대해 인터뷰하면서 나는 영어 분야의 전문가가 될 수 있었다. 책을 쓰고 나면 석사나 박사 학위가 없더라도 나만의 전문 영역을 가질 수 있게 된다. 스토리가 스펙을 이기는 것이다. 책이 가지는 힘은 그만큼 위대하다.

두 번째로 책은 생명력을 가지고 있다. 책은 나를 대신해서 수많은 사람들에게 나만의 스토리와 지식을 전한다. 책은 내가 잠을 자고 있는 동안에도, 아파서 병원에 가 있는 동안에도, 여행을 가 있는 동안에도 많은 사람들에게 읽힌다. 24시간 나를 대신해서 나의 스토리와 지식을 수많은 사람들에게 알리는 역할을 하는 것이다.

《수능 영어영역 기출분석의 절대적 코드》는 2016년 3월에 출간된 이래로 1만 명이 넘는 학생들이 공부하고 있다. 지금까지 블로그를 통해 3000번 이상 공유가 이루어졌고, 매일 10개 이상 쪽지와 메일을 통해 책을 읽고 궁금한 점이나, 공부법에 대한 문의가 들어온다. 일산에 있는 학원 원장님이 책을 읽고 '세움영어' 오프라인 학원을 설립하고 싶다는 제안을 하기도 하고, 새로운 책을 출간하자는 제의와 함께 강의를 하자는 제의도 많이 들어온다. 책은 이렇게 살아서 움직이는 생명력을 가지고 책을 읽고 있는 모든 사람들의 손에서 당신을 알리는 역할을 한다.

세 번째로 책은 또 다른 기회의 문을 열어준다. 나는 책을 통해 많은 기회들을 얻었다. 두 번째 책을 크라우드 펀딩으로 출간하면서 5,000명이 넘는 페이스북 친구들과 소통할 수 있는 기회를 얻었고, 이를 통해 평생을 함께하고 싶은 3명의 사람들을 만났다. 크라우드 펀딩 회사 wadiz와 아프리카 TV 본사의 지원을 받아서 스타 BJ와 함께 스튜디오에서 촬영하며 수많은 사람들과 소통하는 기회를 얻기도 했다. 저자라는 이름으로 5,000명이 넘는 사람들 앞에서 스피치 할 수 있는 기회를 얻었던 것도, 지금까지 '지식 창업'에 관한 강의를 통해 1,000명이 넘는 수강생을 배출해 내는 강연을 할 수 있던 것도 모두 책을 출간했기 때문이었다. 책이 가진 영향력은 언론 인터뷰보다 크다. 책은 당신이 상상하지도 못한 수많은 기회들을 당신에게 몰고 온다.

　네 번째로 책은 나의 가치를 올려준다. 나는 책을 쓰고 난 뒤에 강의할 수 있는 무대가 넓어졌다. 듣는 사람도 많아졌다. 책을 쓰기 전에 강의하는 것과 책을 쓰고 난 뒤에 강의할 때 사람들이 대하는 자세가 달라졌다. 내가 같은 시간을 일해서 벌어들일 수 있는 돈의 양도 많아졌다. 4주 과정을 기준으로 했을 때, 내가 영어를 가르쳐서 한 학생당 받는 돈은 48만 원에서 120만 원으로 2배 이상 상승했다. 책을 통해 당신은 당신이 가진 영향력을 넓힐 수 있으며, 더 큰 영향력을 가진 사람들과 함께 일할 수 있다. 책은 당신이 원하든 원하지 않든, 다른 사람들이 당신을 대하는 태도부터 당신의 가치, 당신이 가진 꿈과 시야까지 모든 것을 180도 바꿔놓을 것이다.

　마지막으로 책은 퍼스널 브랜딩의 꽃이다. 책은 성공적인 퍼스널 브랜딩의 첫 시작이자 끝이다. 지속적인 책 출간을 통해 나는 전문성을 인정받았고, 내 삶의 가치가 상승했다. 책은 더 큰 무대에서 강연할 수 있는 기회를 주었고, 넓은 영향력과 활동 범위를 가진 사람들과 함께 일할 수 있는 기회를 몰고 왔다. 책은 지금까지 당신이 갈고닦은 실력이 쌓여서 나온 완벽한 결과물이다. 기회는 이러한 과정을 거친 준비된 자만이 가져갈 수 있다. 퍼스널 브랜딩이란, 결국 준비된 자가 기회를 찾는 과정을 통해 완성되는 것이다.

책을 쓴 뒤에 당신의 행보가 예상된다면, 그 책은 콘셉트가 명확한 책이다. 예를 들어, 《수능 기출분석의 절대적 코드》를 쓴다면 '수능', '영어', '교육'이라는 키워드로 강연이 들어올 것을 예상할 수 있다. 많은 학생 및 학부모 분들과 함께 1:1 컨설팅을 할 수 있으며, 4주, 8주, 12주 수능 영어 교육 과정을 만들어서 수업을 진행할 수도 있다. 강연과 강의, 1:1 컨설팅을 통해 수많은 학생들과 학부모 분들을 만나면서 노하우와 경험이 쌓이고, 이것이 책을 출간하는데 큰 도움을 준다. SNS를 통해 자신만의 영어 공부 노하우를 나누면서 나만의 팬이 생기기도 하고, 페이스북과 카페, 블로그에 많은 사람들이 방문하기도 한다. 책은 이렇게 당신이 미래에 걸어갈 길을 만든다.

나는 '성공해서 책을 쓰는 것이 아니라 책을 쓰니까 성공하는 것이다'라는 말을 좋아한다. 많은 사람들이 '내가 과연 책을 쓸 수 있을까'라고 생각하며, 언젠간 나도 성공하면 책을 쓰고 싶다는 막연한 생각만 가지고 살아간다. 당신이 문자, 편지, SNS의 짧은 글을 통해 단 한 명의 사람이라도 감동시킨 경험이 있다면, 당신이 200페이지가 넘는 책을 썼을 때에는 수많은 사람들의 삶을 바꿀 수 있을 것이다. 생각은 행동으로 나올 때 강력한 힘을 발휘한다. 막연한 생각은 구체적인 생각을 이길 수 없고, 구체적인 생각은 즉각적인 실행을 이길 수 없다. 당신이 가진 특별함을 온 세상에 알려라. 당신에게는 당신이 꿈꾸는 인생을 창조할만한 능력이 있다.

성공한 지식창업자들은 자신의 창조적인 능력을 믿었다. 나는 다음의 3가지 말을 좋아한다.

- 나는 매일 모든 면에서 조금씩 나아지고 있다.
- 내가 소망하는 것들이 하나씩 실현되고 있다.
- 나에게는 내가 꿈꾸는 인생을 창조할 능력이 있다.

나는 내 가슴을 뛰게 한 모든 문구를 내 주변에 붙여놓는다. 포스트 잇에 적어서 지갑에 들고 다니기도 하며, 내 목표가 가득 적힌 버킷리스트 뒤에 붙여놓기도 한다. 목표와 꿈은 강력한 동기부여에 의해 실행으로 옮겨지고, 이는 곧 현실이 된다. 당신이 책을 쓰는 것도 이와 같다.

세상에 없던 책을 기획하라

❝ 창조를 통해 파괴하라. 그렇지 않으면 도태될 것이다.❞
— 톰 피터스

집을 지으려면 설계도를 그려야 한다. 설계도에는 집을 짓는데 필요한 모든 구체적인 사항들이 표시되어있다. 손에 주어진 설계도만 따라가면, 하나의 완성된 집을 짓는 것은 어려운 일이 아니다. 하나의 완성된 집을 보면, '이 멋진 집을 어떻게 지었을까'하는 생각에 쉽게 도전해볼 수 없는 일이라고 생각하기 쉽다. 과정 없이 결과만 보면 성공하기 어렵다는 생각이 든다. 책을 쓰는 것도 이와 같다. 하나의 완성된 책을 보게 되면, '어떻게 이런 책을 썼을까' 하는 생각에 '나는 할 수 없는 일이야'라고 쉽게 단정 짓고 만다. 그렇기 때문에 수많은 사람들이 버킷리스트 속에 '언젠가 책을 써야지' 하는 생각을 하면서도 쉽게 이루지 못한다. 하지만 책을 쓰는 과정을 살펴보게 되면 '나도 충분히 할 수 있겠다.' 라는 생각이

들 것이다.

집을 지을 때에는 먼저 전체적인 뼈대를 먼저 잡는다. 그다음에 살을 붙이는 것이다. 책을 쓸 때에도 먼저 책의 뼈대를 잡는 과정을 거친다. 한 권의 책은 280페이지를 기준으로 했을 때, A4 용지 100장 분량이 나온다. 만약 8개의 챕터가 있고, 각각의 챕터 안에 5개의 소제목을 '꼭지'라고 한 다면 총 40개의 꼭지가 나온다. 각 꼭지 별로 A4용지 2페이지 반씩만 쓰 게 되면 한 권의 책이 완성된다. 하루에 하나의 꼭지를 완성한다면, 총 40 일 만에 한 권의 책을 쓰게 되는 것이다. 당신이 읽고 있는 이 책 또한 이 러한 과정을 거쳐 쓰여졌다.

Chapter 01. 당신만의 스토리를 만들어라

1. 새로운 세계를 만드는 또 다른 방법

2. 이것은 기회의 또 다른 이름이다

3. 지식이라는 불타는 플랫폼

4. 스토리가 아이디어를 이긴다

5. 세상을 움직이는 법칙은 생각보다 간단하다

Chapter 02. 나만의 1인 기업을 설립하라

1. 누가 당신의 삶을 소유하고 있는가

2. 어떻게 돈을 벌어들일 것인가

3. 올바른 선택을 위한 의사결정 매트릭스

전체적인 뼈대를 잡았으면, 이제 세부적인 부분을 생각해 볼 차례이다. 첫 시작은 어떤 분야의 책을 쓸지 정하는 것이다. 대중서는 인문, 자기계발, 처세, 경제, 경영, 고전, 종교, 자녀교육, 심리, 철학, 재테크, 부, 성공, 고전, 태교, 예술, 요리, 건강, 외국어 등으로 나눠져 있다. 에세이, 소설, 시 등 문학 장르로 나뉘기도 한다. 당신이 첫 번째로 써야 하는 주제는 지식창업자로서 나아갈 분야와 일치하는 것이 좋다. 책은 지식창업자의 삶에 성공의 날개를 달아주기 때문이다.

나의 분야는 '영어'였기 때문에 자연스럽게 외국어 분야의 책을 쓰게 되었다. 수능에 관한 강의를 하고 있었기 때문에 수백 번에 걸쳐 기출문제를 분석한 경험과 노하우를 바탕으로 기출문제에 관한 17개의 변하지 않는 출제원칙을 정리했다. 영어도 하나의 언어이기 때문에 국어 영역과 유사한 부분이 많이 있을 것이라고 생각했다. 국어 영역의 논리를 영어 영역에 적용해서 하나의 완성된 논리체계를 만들었다. 학생들이 이러한 논리를 따라감으로써 자연스럽게 수능을 출제하는 출제자의 시각을 가질 수 있게끔 책을 구성했다.

책을 쓸 분야를 정했으면, 독자층을 정해야 한다. 영어에 관한 책도 초·중·고등학생, 대학생, 직장인 등으로 나눌 수 있다. 나는 수능 영어영역에 관한 책을 썼기 때문에 독자층은 자연스럽게 수능을 공부하는 고등학생으로 정해졌다. 조금 더 세분화한다면, 최상위권을 지향하는 중학교 3학년 학생부터 수능을 출제하는 출제자의 논리와 시각에 대해서 알고자 하는 고등학교 1, 2학년 학생과 최종적으로 수능의 모든 출제 이론을 정리하고 싶은 고등학교 3학년 학생이 될 것이다. 독자층이 구체적으로 정해지면 정해질수록, 더욱 독자들에게 도움이 되는 내용이 담긴 책이 완성될 가능성이 높다. 이처럼 장르와 분야를 정하고 주요 독자층을 디테일하게 설정해 나간다. 이렇게 한다면 책의 방향성을 명확하게 설정할 수 있다.

쓰고자 하는 책의 분야와 독자층이 정해졌으면, 경쟁도서를 분석하는 과정을 거쳐야 한다. 이는 책 쓰기의 가장 중요한 과정 중에 하나이다. 나는 책을 쓰기 전에 내가 쓰고자 하는 콘셉트나 주제에 관한 경쟁도서를 20권 정도는 읽는다. 책을 쓰기 전에 먼저 분석을 하는 것이다. 수능 영어영역에 관한 책을 쓰고자 마음을 먹고 나서 나는 광화문 교보문고에 찾아가서 수능에 관한 모든 책들을 하나씩 하나씩 살펴보기 시작했다. 베스트셀러를 위주로 책을 선정해서 왜 이 책이 잘 팔릴 수밖에 없는지 분석하고, 아쉬운 점은 무엇인지 생각했다. 그날 나는 수능에 관한 25권의 책을 사서 캐리어에 가득 채워 집으로 돌아왔다.

그날부터 2주 동안은 누구도 만나지 않고, 조용히 책을 읽어 내려갔다. 얇은 노트를 하나 사서 반으로 접은 뒤에 왼쪽에는 책의 장점을 적고, 오른쪽에는 책의 부족한 점을 적었다. 경쟁도서의 목차를 살펴보면서 좋은 문구나 제목이 있으면 노트에 적어두었다. 2주 동안 같은 과정을 반복하다 보니, 수능 영어영역 출판 시장의 흐름이 보이기 시작했다. 어떤 책은 이론에 치중한 나머지 학생들이 쉽게 접근하고 이해하기 어려운 내용들로 가득 차 있었다. 어떤 책은 내용은 좋지만 학생들이 충분히 연습할 만한 양질의 문제가 제공되지 않았다. 또 다른 책은 연습 문제는 굉장히 많지만 학생들을 가이드해줄 만한 훌륭한 이론과 논리가 부족했다.

나는 이러한 분석을 바탕으로 국어영역 베스트셀러 한 권을 선정해서 그곳에 나온 논리와 이론들을 영어영역에 적용하기 시작했다. 이렇게 논리적인 체계를 만들고 나서, 학생들이 충분히 연습해 볼 수 있는 양질의 문제들을 제공하고, 여기에 나만의 색깔이 담긴 노하우와 해설을 만들었다. 훌륭한 이론과 문제를 제공할 뿐만 아니라, 나만의 노하우와 색깔이 들어간 책을 만든 것이다. 경쟁도서의 문구나 광고 카피의 키워드를 벤치마킹해서 나만의 문구와 광고 카피로 재탄생 시켰다. 제목과 목차 모두 이러한 경쟁 도서 분석을 통해서 성공적으로 완성시켜 나갈 수 있다.

경쟁도서를 분석하면, 나만의 특별한 콘셉트가 생긴다. 콘셉트는 출판사가 출판을 결정하는 가장 중요한 요소 중에 하나이다. 내가 쓰고자 하는 책의 분야에서 어떤 책들이 출간되어있는지 알고 그 책들이 가진 콘셉트를 파악하고 나면, 차별화된 책을 쓸 수 있는 힘이 생긴다. 수많은 베스트셀러가 다른 책들과 차별화된 콘셉트를 가지고 성공했다. 공부법 베스트셀러 '완벽한 공부법'은 자신의 차별화된 콘셉트를 다음과 같이 설명하고 있다.

"지금까지 이런 '공부법' 책은 없었다. 수많은 공부법 책이 있지만, 많은 책들이 한 사람의 인지적 활동인 공부에 대한 본질적인 이해가 '결여'된 상태에서 개인의 특정 '경험'을 과학적 근거 없이 경솔하게 일반화시키거나 공부를 '시험'이라는 협소한 영역에 국한시키고 있다. 하지만 '완벽한 공부법'은 다르다. 이 책은 교육학, 인지심리학, 뇌 과학, 행동경제학 등이 밝혀낸 이론을 통한 과학적 접근뿐만 아니라 실제 수천 명의 학생 및 직장인들과의 상담을 통해 축적된 실전적 노하우가 함께 녹아져 있다. 공부의 본질에 그 어떤 책보다 가깝게 다가섰으며, 실질적으로 도움이 되는 공부법을 종합적으로 제시하고 있다."

　　이 책은 기존의 경쟁도서를 분석한 내용을 바탕으로 자신만의 차별화된 점을 부각시키고 있다. 지금까지 수많은 공부법 책들이 출간되어 있지만, 개인의 경험이나 시험에 관한 내용들이 주를 이루었다. 이 책은 다방면의 이론들을 바탕으로 정말 '완벽한' 공부법을 완성하기 위해 노력한 책이다. 여기에 수많은 사람들을 상담했던 저자의 실제적인 경험을 더함으로써 책에 자신만의 색깔을 입혔다. 경쟁도서를 분석하는 것은 이처럼 차별화된 콘셉트를 만드는 중요한 과정이다.

사람들이 갈망하는 목차를 완성하라

❝'다른 이에게 대접받고자 하는 대로 다른 이를 대접하라'는 말처럼 모든 것은 아주 단순하다.**❞**

— 오프라 윈프리

피카소는 현대 미술에서 창조적인 아티스트로 평가된다. 기존의 회화 기법과 전혀 다른 입체파^{Cubism}를 주도적으로 만든 인물이기 때문이다. 피카소는 창조성을 강조하는 얘기를 하면서 다음과 같은 명언을 남겼다.

"저급한 예술가는 베끼고, 위대한 예술가는 훔친다."

이는 위대한 예술가란 단순한 모방과 카피에서 벗어나서 기존의 창작물에서 영감을 받아 완전히 새로운 것으로 변화시키는 사람이라는 사실을 드러낸다. 그 수준에 이르려면 기본에 충실하며 많은 양의 작품들을 계속해서 소화하는 과정을 지속적으로 거쳐야 한다. 책을 쓰는 것도 이와 같다. 좋은 책을 쓰기 위해서는 기본에 충실하며 많은 양의 경쟁도서와 참고도서를 계속해서 읽고 분석하는 과정을 거쳐야 한다.

경쟁도서와 참고도서는 그 의미가 다르다. 경쟁도서는 정독이 기본이 되어야 한다. 왜냐하면 경쟁도서는 막연한 콘셉트를 명확한 콘셉트로 만들어주는 길라잡이 역할을 하며, 취하고 적용할 것이 많기 때문이다. 하지만 참고도서는 말 그대로 '참고'해야 할 도서다. 그래서 정독보다는 필요한 부분을 찾아 발췌 독서하며 필요한 내용을 취하고, 적용해 나가면 되기 때문이다. 참고도서는 모르는 것을 찾아볼 때 쓰는 백과사전의 역할을 하기도 하고, 내 책의 많은 부분을 채워주는 자료나 사례집의 바탕이 되기도 한다.

어떤 책에서 내 책에 필요한 명언 하나만 활용이 되어도 책을 쓰는데 참고한 책이기에 '참고도서'다. 나는 내가 쓰려는 책의 목차와 참고도서의 목차에 겹치는 키워드가 있으면 그 부분만 찾아서 읽어본다. 그 부분을 통해 아이디어를 얻고, 사례와 명언, 메시지를 활용할 수 있는 책으로 참고했다. 이처럼 한 권의 책을 쓰는데 수십 권이 넘는 책을 읽는 것은 자연스러운 일이다. 그래서 작가들 사이에서는 한 권의 책을 쓸 때마다 100권의 책 읽기는 덤으로 가져간다는 말도 주고받는다. 그렇기에 대한민국에서 가장 책을 많이 사는 사람들은 사실 '작가'들이다.

많은 사람들이 창의적인 제목과 목차를 쓰고 싶어 한다. 이는 무에서 유를 창조하는 과정이 아니다. 유에서 새로운 유를 창조하는 과정이다. 그렇기 때문에 성공적인 책 제목을 쓰고 싶으면, 베스트셀러 책 제목을 분석하는 과정이 도움이 된다. 예를 들어, '용기'를 키워드로 책을 쓴다면, 300만 부 이상 팔린 베스트셀러《미움받을 용기》를 참고할 수 있다. 이렇게 해서 '버텨내는 용기' '상처를 넘어설 용기' '자신을 위해 사는 용기' '1 그램의 용기' '인생에 지지 않을 용기' '나와 마주 서는 용기' '상처받을 용기' '불안을 넘어설 용기' '포기하는 용기' '나답게 살아갈 용기' '행복해질 용기' 와 같은 책들이 나오고, 이들 중 일부는 베스트셀러가 되었다.

키워드에 관한 책 제목을 분석한 뒤에 나만의 책 제목을 만들어야 한다. 성공적인 책 제목을 구성하는 3가지 조건은 다음과 같다.

- 책 내용이 예상되거나 핵심이 되는 내용의 키워드가 들어가야 한다.
- 반전의 묘미가 있거나 독자들의 호기심을 끌 수 있어야 한다.
- 시대적 키워드나 사회적 분위기를 잘 간파한다면 유리하다.

예를 들어, 자기계발 베스트셀러 중 하나인《7번 읽기 공부법》이라는 책은 위의 조건들에 부합한다. 우선 '공부법'이라는 키워드가 있기에 책 내용이 예상된다. '7번 읽기'와 '공부법' 두 의미가 주는 연관성이 궁금증을 불러일으킨다. 공부를 하는 학생들은 다양한 공부법에 관심을 가지고 있기 때문에 '7번 읽기'라는 단어는 독자들을 매력적으로 끌어당긴다. 복잡한 생각을 거치지 않고 단순히 한 권의 책을 '7번 읽는' 것은 누구나 실천하기에 부담 없기 때문이다.

매력적인 제목을 결정했다면, 그에 맞는 챕터 제목과 꼭지 제목을 정해야 한다. 그럼으로써 목차가 완성되기 때문이다. 독자들은 제목, 저자 프로필과 사진, 목차와 서문 순으로 살펴보고 책을 고른다. 아무리 겉표지가 멋지고, 제목이 훌륭해도 챕터 제목과 꼭지 제목이 매력적이지 않다면 독자들의 선택을 받지 못한다. 성공한 베스트셀러가 단 한 줄의 문구로도 강렬하게 사람들의 시선을 사로잡듯, 독자의 시선을 사로잡는 목차는 따로 있다. 매력적인 목차를 만드는 방법은 다음과 같다.

첫 번째는 어떤 내용을 쓸 것인지 정리하는 것이다. 나는 책을 쓰려는 분야의 베스트셀러 책들을 한 곳에 모아두고 책을 구성하고 있는 핵심적인 키워드를 분석한다. 책의 제목만 쳐다보고 있어도 어떤 내용을 쓸지 아이디어가 떠오르곤 한다. 일단 전체적으로 어떤 내용들을 쓰고 싶은지 떠오르는 내용들을 흰 종이 위에 아무렇게나 적어보는 과정이 필요하다. 그러다 보면 자연스럽게 책에 써야 할 중심 내용들이 잡히기 시작한다. 예를 들면, '리더십'에 관한 책이라면 '리더십이 리더 주위에 모이는 사람을 결정한다.', '사람들은 자신보다 더 강한 사람을 따른다'와 같은 내용이 중심 내용이 될 수 있다.

중심 내용이 정해지면 이를 매력적인 목차로 바꾸는 과정이 필요하다. 이를 위해서 경쟁도서와 참고도서를 읽으며 책 제목과 부제, 광고 문구, 목차, 책 내용에서 활용할 수 있는 키워드나 문장을 찾는다. 예를 들면, '리더십이 리더 주위에 모이는 사람을 결정한다.'라는 중심 내용을 목차로 쓰기 위해서는 '끌어당김의 법칙'이라는 키워드로 제목을 쓸 수 있다. '사람들은 자신보다 더 강한 사람을 따른다.'라는 중심 내용은 '존경의 법칙'이라는 제목으로 쓸 수 있다.

매력적인 목차를 만들기 위해서는 경쟁도서와 참고도서를 읽는 것뿐만 아니라, 온라인 서점의 책 소개나 출판사 서평을 읽어보는 것도 도움이 된다. 출판사는 책 소개를 작성하거나 서평을 작성할 때에 책에서 가장 중요하다고 생각하는 내용을 논리적이고 체계적으로 정리해서 글을 올린다. 그러므로 책 소개나 출판사 서평을 읽어보는 것만으로도 책의 핵심적인 키워드는 모두 찾아볼 수 있는 것이다.

때로는 누구나 다 아는 유명한 글귀나 명언을 활용해서 목차를 만들기도 한다. '성공'에 관한 책이라면 인터넷에 '성공 명언' 또는 '성공에 관한 명언'을 검색한다. 그러면 내가 생각하지도 못했던 좋은 글귀나 명언을 발견하기도 하고, 책을 더 수준 높게 만드는데 도움을 주기도 한다. 이는 매력적인 목차를 만드는데 큰 영감과 아이디어를 줄 때도 많다.

마지막으로는 삶의 모든 순간 속에서 아이디어를 얻는 것이다. 책의 키워드를 검색해서 관련 기사나 칼럼 등을 통해 아이디어를 얻을 수도 있고, 친구가 했던 말 한 마디나 사람들이 열광했던 광고 문구, 화제가 된 유행어도 영감을 줄 때가 많다. 영화관이나 지하철에 붙어있는 포스터나, 길거리에서 나눠주는 광고 전단지, 길을 가며 흔히 볼 수 있는 현수막도 목차를 짜는데 아이디어와 영감을 불어넣어 준다.

운명을 바꾸는 원고 작성법

"글을 쓸 때에는 모든 것을 내려놓아라. 당신의 내면을 표현하기 위해
단순한 단어들로 단순하게 시작하려고 노력하라.**"**

— 나탈리 골드버그

강연에서 제일 중요한건 에피소드episode이다. 같은 내용을 말하더라
도 어떤 에피소드episode를 사용하느냐에 따라 청중들의 심금을 울리는 강
연을 할 수도 있고, 누구나 아는 이야기를 반복하는 지루한 강연을 할 수
도 있다. 그렇기에 에피소드episode는 강연을 더욱 감칠맛 나게 만들어주는
양념과 같다. 책을 쓸 때 에피소드episode와 같은 역할을 하는 것이 '사례'이
다. 아무리 겉으로 맛있어 보이는 음식이라도 양념이 맛이 없으면 음식이
맛없는 것처럼, 책의 겉표지나 목차가 아무리 잘 만들어져 있어도 적절한
사례가 없다면 그 책은 무미건조한 책이 될 것이다.

만약 '도전'에 관한 글을 쓰려고 한다면, 대부분의 사람들이 '김연

아'나 '박태환'과 같은 운동선수들의 피나는 노력을 떠올릴 것이다. 누구나 떠올릴 수 있는 사례는 독자들에게 큰 감동을 주기 어렵다. 책 쓰기에 가장 좋은 사례는 내 삶을 통해 경험한 사례이다. 내가 직접 도전하고 어려움을 극복하고 목표를 성취한 내용이 독자들에게 가장 큰 울림을 전달한다.

그러나 모든 글에 해당하는 과정을 경험하는 것은 불가능하다. 그럴 때에는 독자들에게 깨달음을 주거나 통찰력을 제공하는 사례를 사용하는 것이 좋다. '도전'에 대한 중요성을 얘기할 때 나는 '에스키모인들이 늑대를 잡는 방법'이 떠오른다. 에스키모인들은 늑대를 잡기 위해 칼에 죽은 동물의 피를 묻혀 놓은 뒤에 얼음 위에 꽂아놓는다고 한다. 그러면 늑대들은 그 칼에 묻은 피를 핥다가 자신의 혓바닥에서 피가 나오는 줄도 모르고 그대로 죽는다고 한다.

늑대의 모습은 도전하지 않고 현실에 안주하는 현대인들의 모습과 흡사하다. 정기적으로 나오는 월급에 안주해서 새로운 도전을 꿈꾸지 못하다가 은퇴할 때가 되면 아무런 준비 없이 세상 밖으로 나오는 것이다. 실제 에스키모인들이 늑대를 잡는 방법을 떠나서, '도전'에 대해 이야기할 때, 이 사례는 큰 울림을 준다. 깨달음과 통찰력을 주는 사례는 바로 이런 것이다. 좋은 사례를 찾는 방법은 다음과 같다.

첫 번째로, 가장 좋은 방법은 평소에 사례를 정리하는 것이다. 베스트셀러 작가들은 대부분 사례를 정리해둔 엑셀 파일을 가지고 있다. 평소에 꾸준히 책을 읽으면서, '동기부여', '리더십', '재무관리', '사업', '성공', '부', '마케팅', '인간관계', '신앙', '심리', '기술', '예술' 등으로 세분화된 카테고리 안에 깨달음을 얻고 통찰력을 주는 사례를 기록해두는 것이다. 평소에 자료를 수집하고 정리하기를 좋아하는 사람이라면 책 쓰기엔 금상첨화이다.

내가 읽었던 책도 좋은 사례집이 된다. 나는 책을 읽으면서 중요한 부분을 크게 밑줄 치고, 그 밑에 나만의 생각을 적어둔다. 중요한 사례가 될 만한 부분은 형광펜으로 표시해두고 접어둔다. 그래서 한 권의 책을 읽고 나면 책이 너덜너덜해지는 경우가 많다. 나는 이런 책을 '보물'처럼 아낀다. 내가 책을 쓰려고 할 때에 표시하고 접어둔 부분을 빠르게 훑어보면서 다시 한 번 중요한 내용을 상기할 수 있기 때문이다. 이는 나에게 마르지 않는 샘물과 같이 끊임없는 아이디어와 영감을 준다.

성공적인 지식창업자로서 살아가는 방법을 따르고 있는 사람이라면, 매주 한 권씩 책을 읽고 썼던 칼럼이 중요한 사례집이 된다. 한 편의 칼럼을 쓰기 위해서는 책의 핵심적인 메시지를 담기 위해 키워드를 파악하며 독서를 하고, 주요한 사례들에 대해 파악하고 있어야 한다. 그 칼럼만 봐도 어떤 내용이 핵심이고, 어떤 사례가 있었는지 알 수 있으므로 매주 써둔 칼럼은 단기간에 책을 완성하는데 큰 도움을 준다.

쉽게 사례를 찾기 위해서는 목차를 염두에 두고 책이나 자료를 읽는 것이 중요하다. 완성된 목차의 핵심적인 키워드를 기억해 둔다면, 일상 속에서 수많은 사례를 획득할 수 있다. 우연히 들어간 네이버 카페나 신문 기사에서 사례를 찾기도 하고, 친구가 들려준 내 어린 시절 이야기도 사례가 된다. 오랫동안 써온 다이어리나 일기장에서 글감이나 사례를 찾는 경우도 있다. 가볍게 읽은 신문이나 잡지, 칼럼에서 집필에 필요한 사례를 찾아 스크랩을 하는 경우도 있고, 경쟁도서나 참고도서를 분석할 때 펜과 메모지, 포스트잇을 옆에 두고 읽는 것도 큰 도움이 된다. 머릿속에 목차의 키워드를 기억하고 다니면, 일상이 하나의 사례집이 된다.

목차에 적합한 사례를 찾은 뒤에는 키워드에 맞게 목차에서 필요한 부분에 적절하게 배치한다. 그렇게 목차를 하나씩 하나씩 사례들로 채워나가면 글을 쓰는 하나의 설계도가 완성이 된다. 건축에도 황금 비율이 있듯이 글을 쓸 때에도 황금 비율이 있다. 사례는 책 전체 내용의 30%를 구성하고, 나머지 70%는 핵심적인 메시지와 중심 내용으로 구성하는 것이 정석이다. 적절하게 배치된 사례가 글을 풍성하게 만든다.

이러한 비율에 맞춰서 핵심 키워드와 내용을 중심으로 사례들을 써내려 가면 한 꼭지의 원고가 완성된다. A4 2장 반의 원고가 완성되면 다음 꼭지를 완성할 수 있고, 그다음 꼭지도 완성할 수 있는 힘이 생긴다. 이를 반복하면 하나의 책이 완성되는 것이다.

노벨문학상을 수상한 세계적인 베스트셀러 작가 헤밍웨이는 "모든 초고는 걸레다."라고 말했다. 누구에게나 초고 집필은 어렵고 두렵다. 한 권의 책을 완성하기 위해서는 먼저 한 꼭지를 완성해야 하고, 한 꼭지를 완성하기 위해서는 첫 문장을 쓸 수 있어야 한다. 어떻게 첫 문장을 시작해야 할지 고민이라면 "마음 내려놓기"가 가장 중요하다. '잘 써야지…' 하는 욕심 때문에 어떻게 쓸지 계속 고민만 하다가 글쓰기를 시작하지 못하기 때문이다. 노벨문학상을 수상한 작가도 초고가 '걸레'라고 한다. 하물며 글쓰기를 체계적으로 배워온 적 없는 일반인의 초고는 더욱 그러하다. 그렇기 때문에 진짜 시작은 초고 이후부터이다.

마음을 내려놓고, 내 머릿속에 떠오르는 말들을 얘기하듯이 하나씩 하나씩 적어 내려가다 보면 첫 문장을 시작할 수 있다. 고민하기 전에 일단 적어보고 시작하는 것이다. 세상 누구도 나의 초고를 보고 글 실력을 판단하지 않는다. 책 쓰기는 논술 시험이 아니다. 누가 누구를 평가하는 시험이 아니다. 가장 좋은 글의 기준은 '나의 마음에 쏙 드는 글'이다. 그렇기에 나는 '먼저 쓰고 수정하자'라는 생각으로 글을 쓴다. 수많은 베스트셀러 작가들도 먼저 글을 써놓고 난 뒤에 수정하는 작업을 거친다. 수많은 수정 작업을 거친 뒤에야 한 권의 좋은 책을 얻는 것이다.

나는 초고를 완성한 뒤에 일주일간 쉬는 시간을 갖는다. 초고를 완성한 뒤에 나에게 주는 선물이다. 초고를 쓰는 기간 동안 못 봤던 영화를 다운받아서 몰아서 보기도 하고, 와이프와 데이트를 나가기도 한다. 연락을 못 했던 친구들과 만나기도 하고, 한 동안 뜸했던 SNS 활동을 다시 활발하게 시작하기도 하고, 서점에 가서 최근 출간된 책들과 베스트셀러를 보고 오기도 한다. 한마디로 책 쓰느라 닫혀있던 시야를 마음껏 개방시키는 것이다. 일주일 동안 실컷 놀고 나면 다시 한 번 원고를 수정할 힘이 생긴다. 책을 쓰면서 닫혀있던 시야에서 열린 시야로 바뀌면서 내 원고를 객관적으로 볼 수 있는 시각도 가지게 된다. 이 상태에서 초고 수정 작업을 진행하는 것이다. 이를 전문용어로 '탈고'라고 한다.

나는 평균 10번이 넘게 초고를 수정하는 과정을 거친다. 매 순간 수정을 할 때마다 세워놓은 나만의 기준이 있다.

'초고 수정의 3단계'

첫 번째로 수정을 할 때에는 오직 '술술 읽히는 글' 만들기에 집중한다. 술술 읽히는 글은 독자들이 이해가 안돼서 두 번, 세 번씩 반복해서 읽는 글이 아니라, 한 번만 읽어도 무슨 내용인지 쉽게 이해할 수 있는 글을 의미한다. 이를 위해서 처음에는 눈으로 전체적인 글을 읽으며 수정하고, 두 번째는 입으로 소리 내서 읽는 과정을 거친다. 소리 내서 읽으면 눈으로 읽을 때와 다르게 글의 어색한 부분이 보인다. 읽으면서 고치면 글을 군더더기 없이 세련되고 깔끔하게 고칠 수 있다.

두 번째로 수정을 할 때에는 '형식'에 집중한다. 이때에는 초고 전체가 아니라 각 꼭지마다 초점을 맞추며 모든 꼭지를 하나씩 하나씩 격파해 나간다. 맞춤법이 맞는지, 사례가 꼭지의 제목에 적절한지, 내용이 꼭지의 제목과 일치하는지, 문맥상 흐름이 적절한지를 위주로 모든 꼭지를 점검하며 세련되고 깔끔하게 고쳐나간다. 이때 나는 원고를 인쇄해서 컴퓨터가 아닌 종이로 보며 수정한다. 컴퓨터로 볼 때 보이지 않던 오타나 수정사항들이 종이로 볼 때 보이는 경우가 많기 때문이다.

세 번째는 더 좋은 원고를 만들기 위한 '발전'에 집중한다. 초고를 수정하는 과정 중에서 더 나은 사례를 발견하거나, 책을 읽다가 더 좋은 글쓰기 방법을 발견한 경우에 초고를 한층 더 고급스럽게 발전시키는 과정이다. 시간이 부족해서 참고하지 못했던 도서들을 추가적으로 더 읽어보고, 경쟁도서를 다시 한 번 읽어보면서 중요한 키워드가 빠지지 않았는지 점검한다.

이렇게 3단계의 과정을 거치고 나면 책의 내용은 누가 봐도 손색없을 정도로 술술 읽히는 세련된 글이 된다. 다이아몬드는 수만 시간 동안 엄청난 압력을 견디면서 탄생한다. 한 권의 책도 다이아몬드와 같다. 짧으면 6개월, 길면 1년 이상이라는 긴 시간 동안 엄청난 압력을 견디며 쓴 책이 빛나는 다이아몬드로서 세상에 나올 수 있다.

이런 과정을 거쳐 한 번 책을 쓴 작가는 다음 책을 더 쉽게 쓸 수 있다. 수많은 책을 읽으며 정리해둔 '사례집' 엑셀 파일과 매일 독서하며 눈에 띄는 색깔 펜과 형광 펜으로 표시해둔 수많은 책들이 쌓여있기 때문이다. 그렇기에 책을 쓰기 위해 제목을 정한 뒤 목차를 잡고, 키워드에 따라 적절하게 사례만 배치하면 한 권의 책을 쓸 수 있는 지도가 손에 주어진다. 이 지도에 따라 글을 쓰면 짧은 시간 안에 한 권의 책을 쓸 수 있다. 그렇기에 처음이 어렵지 두 번째는 쉽고, 세 번째는 더욱 쉽다. 책 쓰기에 속력이 붙는 이유이다.

책 쓰기를 할 때 알아두면 좋은 TIP

- 책 쓰기를 할 때 알맞은 원고의 양은 A4 용지 기준으로 100페이지에서 120페이지이다.
- 워드보다는 한컴오피스 한글로 작성하는 것이 좋고, '쪽 번호 매기기' 기능으로 분량을 체크하며 쓰는 것이 계획적으로 글을 쓰는데 도움이 된다.
- 문체는 '바탕체'로 글자 포인트는 '10포인트'로 쓴다.
- 기본적인 맞춤법은 F8 키를 통해서 점검하고 F7 키의 편집 용지 양식은 변경하지 말고 기본을 유지한다.
- 갑자기 컴퓨터가 꺼지거나 예상치 못한 상황이 발생할 때를 대비하여 USB 저장 장치에 저장하거나 수시로 메일로 보내놓는 것이 좋다.
- 문단이 바뀔 때에는 한 칸씩 들여쓰기를 해서 문단이 바뀜을 구별해주어야 한다.

- 한 문단에는 한 가지 내용만 담아야 군더더기 없이 깔끔한 글이 될 수 있다.
- 전문 서적이 아니라 대중서이기에 전문 용어는 누구에게나 술술 읽힐 수 있게 이해하기 쉽게 풀어써야 한다.
- '어려운 내용은 쉽게, 쉬운 내용은 깊게, 깊은 내용은 재미있게 쓴다.'는 생각이 글쓰기에 도움이 된다.
- 세상에서 가장 좋은 사례는 '저자의 이야기'이다. 나의 이야기를 솔직하게 오픈하며 공감할 수 있게 담아야 독자들에게 매력적으로 다가온다.

출판사는 꿈을 배신하지 않는다

"희망은 어둠 속에서 시작된다.**"**
— 앤 라모트

'갈라북스' 출판사의 배충현 대표는 '출판사가 원하는 원고는 어떤 것인가'라는 특강에서 다음과 같이 이야기했다.

"좋은 원고를 만들기 위해서는 출판 분야를 잘 선정해야 합니다. 경제경영, 자기계발, 인문사회, 문학, 실용, 취미, 자서전 등 많은 출판 분야가 있는데, 그중에서 내가 어떤 분야에서 경쟁력을 갖출 수 있을지 심도 있게 고민해야 합니다. 그다음은 콘셉트를 정해야 하는데, 콘셉트는 기존의 책들과 다르게 차별화되어야 합니다. 불분명하거나 뻔한 주제라면 출판사의 검토조차 이루어지지 않습니다."

그는 이어서 다음과 같이 말했다.

"그다음은 제목(가제) 선정과 목차 구성입니다. 출판사에서는 원고 전체를 다 읽어보지 않습니다. 투고 인사말과 제목, 목차를 살펴보면 원고의 검토 여부가 바로 판단됩니다. 하루에도 몇십 개씩 원고가 출판사에 투고되지만 거의 대부분의 원고들이 엉성한 제목과 목차를 가지고 있습니다. 결국 투고 인사말과 제목, 목차에서 1차적인 검증이 이루어지게 되는 것입니다."

마지막으로 그는 다음과 같이 말했다.

"원고 검토에 들어갈 때 가장 중요하게 보는 것은 원고의 내용이 독자의 공감을 불러일으키는지 여부입니다. 출간 시점의 출판 시장과 사회, 경제적인 상황 등을 고려해서 시의적절한 주제인지, 아니면 시의성 없이 오래도록 공감받을 수 있는 주제인지를 잘 살펴보는 것입니다. 저자의 경력도 원고의 공감도와 연관되는 중요한 요소이며, 문장력에서도 독자를 감동시키는 글쓰기가 전제되어야 합니다. 또한 출판사와 함께 시너지를 내서 독자를 바라보고 소통해야 합니다."

직접 출판사를 운영하는 대표의 이야기를 통해 나는 많은 것들을 얻을 수 있었다. 어떤 책을 써야하는지에 대한 명확한 기준이 생겼다. 나에게 맞는 출판 분야를 선정하고, 경쟁도서 분석을 통해 명확한 콘셉트를 잡으며, 매력적인 제목과 목차, 투고 인사말이 중요하다는 사실이다. 이 단계를 넘어서면 저자의 프로필과 문장력, 원고의 내용이 최종 출간 결정에 반영이 된다.

출판사를 넘어서는 1차 관문은 투고 인사말과 제목, 목차이다. 제목, 목차, 콘셉트까지 완성된 글이라면 마지막으로 가장 중요한 것은 투고 인사말이 될 것이다. 투고 인사말은 출판사에 하는 첫 인사말로서 내 원고를 매력적으로 제안하는 글이다. 투고 인사말은 제목(가제)과 책의 기획의도, 저자의 프로필과 스토리를 담아 간결하고 명료하게 A4 용지 한 장에서 두 장 사이로 작성한다. 다음의 샘플 투고 인사말을 통해 어떻게 글을 작성하는지 알아보자.

투고 인사말

첫 번째 단락 **안녕하세요? 저는 OO에서 근무하고 있는 OOO 입니다. 저는 OO한 경험을 통해 OO을 깨닫게 되었고, 이러한 경험을 바탕으로 OOO을 〈제목(가제)〉이라는 제목으로 책을 쓰게 되었습니다. OO대, OO대(독자층)가 읽으면 좋을 OO책(책의 분야 또는 장르)입니다.**

두 번째 단락 **책을 쓴 이유, 기획의도**

세 번째 단락 **책의 콘셉트와 차별성, 전달하고자 하는 메시지**

네 번째 단락 저자 약력 및 프로필 소개

다음과 같이 저자로서 차별화된 경험이나 남다른 스토리, 어필할 수 있는 강점 등을 함께 언급하는 것이 좋다. 또한 저자가 생각하는 책의 마케팅 포인트에 대해 언급하는 것도 좋다.

- OOO직장에서 근무
- OOO대학교 석사, 박사 학위 소지자
- OOO을 주제로 강의 경험 및 강연 가능
- 저서《제목》
- 블로그, 카페, 페이스북을 통한 SNS 마케팅 활용 여부
- OO 방송 출연 또는 OO 언론 인터뷰

OOO드림(핸드폰 번호)

투고 인사말은 출판사에게 건네는 첫인사로서 내 원고가 왜 계약되어야 하는지를 어필해야 한다. 출판사는 한 권의 책을 출판하기 위해 적게는 1000만 원에서 많게는 3000만 원이 넘는 돈을 투자한다. 출판사 대표는 사업을 하는 사람이고, 사업가는 이윤을 창출하는 것이 주된 목적이다. 출판사의 입장에서 생각했을 때, 보내온 원고가 책으로 만들어지면

최소한 투자한 금액을 회수할 가능성이 있는지를 우선적으로 판단한다. 그러기 위해서는 저자 역시 출판사와 소통하며 책의 판매와 마케팅에 최대한 적극적으로 참여를 해야 한다. 출판사는 이러한 저자의 적극성을 본다.

저자의 적극성은 두 가지로 보여 진다. 첫 번째는 '저자가 강연을 할 수 있는가?'이다. 책을 주제로 한 강연은 지속적인 저자 브랜딩과 책 판매에 큰 영향을 준다. 내가 수능 영어영역에 관한 책을 쓰고 학생들과 수업을 하지 않았다면, 내 책의 판매량은 저조한 수준에 머물렀을 수도 있다. 하지만 책을 쓴 뒤에, 저자 브랜드를 바탕으로 강의를 하고, 지속적으로 학생들과 소통하는 과정에서 자연스럽게 입소문이 퍼져나갔다. 책이 장작이라면, 강연은 장작에 불을 지펴주는 것과 같다. 책을 쓰는 사람이라면 반드시 강연을 할 수 있는 준비를 해야 한다.

두 번째는 SNS를 통한 마케팅이다. 성공적인 지식창업자로서 살아가기 위한 단계들을 따라가다 보면 자연스럽게 카페와 블로그, 페이스북 마케팅에 대해 두루 이해하는 시각을 갖게 된다. 나는 페이스북을 통해 5천 명이 넘는 사람들과 매일 소통하고, 3만 4천 명이 넘는 팬들과 함께 콘텐츠를 공유한다. 블로그와 카페를 통해서 지속적으로 칼럼과 콘텐츠를 올리고, 세 개의 플랫폼이 시너지 효과를 발휘할 수 있도록 만든다. 이를 통해 저자 브랜딩과 책 판매라는 두 마리 토끼를 한 번에 잡을 수 있다. 궁극적으로 24시간 돈을 벌어들이는 시스템을 갖추게 되는 기반인 것이다. 출판사의 입장에서 가장 매력을 느낄 수 있는 부분이 바로 이 지점이다.

저자의 오프라인 강연과 SNS 온라인 마케팅, 출판사의 마케팅 지원이 함께 삼박자를 이루었을 때 책 판매와 퍼스널 브랜딩이 날개를 단다. 투고 인사말에는 이러한 점을 부각시켜서 출판사의 시선을 매력적으로 잡아당길 필요가 있다.

투고 인사말을 완성한 뒤에는 제목(가제), 목차, 원고 내용 순서로 된 100페이지에서 120페이지 원고 전문과 함께 출판사에게 메일로 발송한다. 투고 인사말을 메일 내용에 넣고 첨부 파일로 원고 전문을 넣으면 된다. 나는 주로 한 주의 업무가 시작되는 월요일 아침 8시에 원고를 받아볼 수 있게 '예약 발송' 기능을 통해 메일을 보낸다. 업무를 시작하자마자 제일 위쪽에서 메일을 볼 수 있도록 8시에 보내는 것이다. 출판사는 자신들의 방향과 맞지 않는 원고는 전량 폐기하기로 되어있기 때문에 원고 유출 가능성에 대해서는 염려하지 않아도 된다.

출판사는 하루에도 수십 개의 원고를 투고 받는다. 이 중에서 투고 인사말, 제목, 목차, 원고의 내용까지 모든 면에서 완성도 높게 만들어진 내용을 보내는 사람은 극히 드물다. 이 책에 나온 방법에 따라 충실하게 원고를 집필했다면, 다른 원고들과 큰 차별성을 지니고 계약까지 이어질 것이다. 거절 메일을 받더라도 절대 좌절하지 않는 것이 핵심이다. 나는

'대한민국의 수많은 출판사 중에서 내 원고를 받아줄 출판사가 반드시 한 곳은 있을 것'이라는 생각을 가지고 포기하지 않고 지속적으로 원고를 투고했다. 그러다 보니 인연이 닿는 출판사가 나오게 되고, 출판 계약도 이뤄지게 되었다. 포기하지 않으면 내 꿈을 이뤄줄 출판사는 반드시 나타난다.

"출판사와의 계약 시 유의할 사항"

나는 출판사에 원고를 투고할 때 한 곳만 바라보고 투고하지 않는다. 리스트를 만들어서 1주차에 보낼 10개의 출판사, 2주차에 보낸 10개의 출판사 … 이런 식으로 적어놓고 그에 따라 메일을 발송한다. 출판사도 저자들이 한 군데의 출판사에 원고를 투고하지 않는다는 사실을 알고 있다. 그렇기 때문에 중소형 출판사와 대형 출판사를 떠나서 좋은 원고에 대해서는 누구나 구체적인 내용으로 메일을 보내온다. 예를 들어서, 원고에 대한 평과 함께 '원고의 나머지 부분을 검토한 뒤 OO내에 연락을 드리겠습니다.'라든지, 출간 시기, 계약금, 인세와 같은 기본 조건을 제시하고 저자와 통화하기를 원하는 경우도 있다.

그렇기 때문에 아무런 설명 없이 '긍정적으로 검토하고 연락드리겠습니다.' 라는 말은 '현재 원고가 저희 출판사의 방향성과 맞지 않으니 나중에 다시 좋은 원고로 찾아와 주시면 감사하겠습니다.' 라는 말과 같다. 출판사는 저자와의 인연이 어떻게 닿을지 모르기 때문에 최대한 돌려서 긍정적인 말을 통해 거절하고자 한다. 원고에 대한 간략한 평과 함께 구체적인 행동이나 조건에 대한 제시 없이 '긍정적으로 검토하고 연락드리겠습니다.'로 끝맺는 메일이라면 돌려서 말하는 거절 메일이라고 보면 된다.

출판사와 실제 계약이 이뤄지는 과정에서 주의해야 할 조건은 출간 시기, 계약금, 인세, 잔여 인세 지급 날짜 또는 기간, 증정 부수, 원고 수정 범위이다. 가장 중요하게 봐야 할 조건은 출간 시기이다. 평균적으로 출간 시기가 빠른 조건을 제시하는 출판사와 계약을 하는 것이 좋다. 대형 출판사의 경우 출간 시기가 6개월 이상 걸리기도 하는데, 그 과정에서 여러 가지 사유로 계약이 파기되는 경우도 발생한다. 대형 출판사는 한 분기에 계획하는 책이 수십 권 또는 수백 권이기 때문에 내 책에 신경을 크게 못 쓰는 경우도 많다. 그렇기 때문에 대형 출판사라고 해서 반드시 좋은 것은 아니다.

인세는 보통 6%에서 8% 사이로 계약이 이뤄지고, 가장 높게 받는 경우 10% 까지도 받는다. 대한민국에서 가장 유명한 베스트셀러 작가들도 인세 10%에 계약을 진행하므로 10%에 제안을 받았다면, 출판사가 원고에 대해 굉장히 큰 매력을 가지고 있음을 알 수 있다. 계약금은 30만원부터 100만 원 이상까지 다양한데, 이는 인세를 미리 지불하는 선인세의 개념이므로 액수는 크게 중요하지 않다. 다른 조건이 좋다면 계약금이 낮더라도 계약을 하는 것이 좋다.

잔여 인세는 어느 시기에 지급 되는지 아는 것도 중요하다. 나는 매달 15일마다 인세를 지급받고 있다. 매달 특정한 날짜에 지급 받는 형태인지, 분기별로 특정한 날에 지급이 이루어지는지 정확히 알고 넘어가는 것이 좋다. 또한 저자 증정부수는 보통 10권에서 20권 정도이다. 특별히 더 필요한 경우, 출판사에 추가적으로 요청하는 것도 가능하다. 원고의 수정범위는 출판사의 관점에서 수정이 필요하다고 생각하여 저자에게 수정을 요구하는 범위이다. 수정 요청 범위가 큰 출판사 보다는 저자의 의도와 생각을 존중해서 더 나은 책을 위해 최소한의 수정을 요청하는 출판사와 계약하는 것이 좋다.

마지막으로 내가 책을 계약하려는 출판사가 최근 출간한 책들을 살펴보는 것도 중요하다. 책의 표지는 어떤 스타일로 제작이 이루어지는지, 책 출간 이후 저자에 대한 마케팅이 잘 이루어지는지도 눈여겨 봐야 할 사항이다. 만약 계약할 시에 자비 출판을 제안하거나, 반씩 돈을 투자해서 책을 출간하는 것을 제안한다면, 다른 출판사를 찾아보는 것이 좋다. 훌륭한 원고의 가치를 담지 못한 책의 형태로 출간될 수도 있기 때문이다.

책은 특별한 삶을 시작하는 발판이 된다. 나는 책을 쓰고 싶은 사람들에게 나만의 책에 사인을 해서 지인들에게 선물해주면 어떨 것 같은지 물어본다. 그다음으로 책의 저자가 되어 네이버나 다음에서 지인들이 이름을 검색했을 때 '저자 OOO'가 검색되면 어떨 것 같은지도 물어본다.

아빠가 "우리 딸이 베스트셀러 작가야"라고 멋지게 말하는 모습, 아내가 "우리 남편이 책도 쓰고 강연도 하는 작가예요"라는 이야기를 하며 환하게 웃는 모습을 생각해보는 것이다. 책은 나의 위치를 바꿔주고, 평범한 삶에서 벗어나 특별한 삶을 살아갈 수 있도록 만들어준다.

Chapter **06**.

강연을 위한 콘텐츠를 만들어라

강연에 나만의 매력을 입히다

"스피치는 진실한 콘텐츠의 힘으로 내 삶을 표현하는 것이다."
— 김미경

맨 처음 책을 써서 강연을 하고 나만의 삶을 살아가고 싶다고 했을 때, 나를 응원해준 사람은 거의 없었다. 정확히 말하자면, 내가 책을 써서 베스트셀러 작가가 되고, 그것을 통해 강연을 하고, 수많은 사람들과 소통하는 드라마틱한 삶을 살 것이라고 누구도 예상하지 못했다. 부모님은 로스쿨을 나와서 판사나 검사로 안정적인 공무원 생활을 하기를 원했고, 친한 지인일수록 대기업이나 공기업 쪽에서 일하는 것을 추천했다. 학교를 휴학하자, 많은 사람들이 나의 도전이 무모하다고, 금방 포기할 것이라고 얘기했다. 하지만 나는 나 자신을 믿으며, 계속해서 책을 써 나가기 시작했다.

첫 번째 책이 출간되고 나서 많은 사람들이 축하해줬지만 오히려 '한 번 뿐이겠지', '그러다 말겠지' 하는 얘기를 들었다. 어머니가 활동하시는 모임에서는 '그래서 아들이 과외 선생님을 한다고?' '학원 강사로 길을 잡은 거야?'라고 비웃듯이 얘기를 해서 어머니의 자존심을 무너뜨리기도 했다. 그런 말을 들을 때마다 가슴이 참 아팠다. 고생시켜 아들을 좋은 대학교에 보낸 부모님께 떳떳하게 자랑할 만한 아들이 되지 못한 것 같아서 더 가슴이 아팠다.

첫 번째 책을 출간하고, 두 번째 책을 출간하면서 1만 명이 넘는 학생들이 내 책을 통해 수능 영어영역을 공부하고, 3000번 넘는 블로그 공유가 이뤄지면서 사람들이 보는 시선이 달라지기 시작했다. '그냥 과외 선생님이나 하다 말겠지…'라고 생각했던 많은 사람들이 내가 베스트셀러 작가로서 수많은 사람들 앞에서 강연을 하는 모습을 보면서 과거와는 다른 모습으로 나를 대하기 시작했다. 지금은 많은 사람들이 응원해주고 어떤 친구들은 나의 삶이 부럽다고 이야기한다. 참으로 감개무량한 일이 아닐 수 없다.

이렇듯 책을 쓰고 나면 인생이 달라지는 경험을 한다. 하지만 책을 출간하는 것에서 끝난다면, 그러한 특별한 삶은 한 순간에 머무를 수 있다. 책이 나만을 위한 선물이라면, 강연은 그 선물을 많은 사람들에게 나누어주는 날개와 같다. 책이 출간되면, 강연을 할 준비를 해야 한다. 책을 주제로 강연을 하는 것이다. '리더십'에 관한 책을 썼다면, '리더십'에 관한 강연을 할 것이고, '인간관계'에 관한 책을 썼다면, '인간관계'에 관한 강연을 할 수 있다.

나는 강연에 대해서는 완전히 무지했었다. 어떻게 강연을 해야 하는지도 몰랐다. 적은 수의 학생들을 대상으로 수업을 하다 보니 많은 사람들 앞에 서서 이야기할 때에는 떨리고, 실수할까 조마조마하고, 강연 전날이면 하루 종일 고생해서 쓴 대본을 외우느라 강연 10분 전까지도 손에서 대본을 놓지 못할 정도였다.

'떨린다고? 당연하다.'

이런 나에게 힘을 줬던 짧은 두 마디 말이 있다. 첫 번째로 '강연은 오직 나만의 무대이다.'라는 말이다. 나는 매 순간순간이 삶이라는 무대의 주인공이라고 생각한다. 내가 강연을 하는 무대도 이와 마찬가지라는 생각이 들었다. 떨리고, 어설퍼도 그 순간을 이겨내고 최선을 다하는 진실의 모습을 보여주는 순간 사람들은 감동하기 시작한다는 것을.

영화 '이프 온리'를 보면 사만다 제니퍼 러브휴잇의 연주회에서 남자친구인 이안폴 니콜슨은 사만다 몰래 그녀의 자작곡 악보를 복사한다. 그후 연주회 단원들에게 악보를 나누어 주고 사만다를 마지막 특별 연주 무대로 초청한다. 그녀는 당황하지만 이내 무대에서 자신의 노래 'Love will show you everything'을 끝까지 부른다. 준비도 없이 갑작스럽게 준비된 무대였지만 그녀가 최선을 다해 끝까지 노래를 부르는 모습을 보며 관중들 모두가 일어나 기립박수를 친다.

사람들은 무대 위에 서 있는 사람이 얼마나 떨릴지 알고 있다. 중요한 것은 그럼에도 불구하고 그 무대의 떨림을 이겨내고 최선을 다하는 모습이 사람들에게 감동을 주는 것이다. 그러니 무대 위에서 실수할까 두려워 사람들 앞에 서는 것을 피할 필요는 없다. 무대에 서는 것 자체만으로도 당신은 엄청나게 특별한 영향력을 끼치는 것이기 때문이다.

두 번째는 '시작은 미약하나 끝은 창대하리라'는 말이었다. 강연을 기획하다 보면, 사람이 안 올까 걱정돼서 밤잠을 설치기도 한다. 나는 처음 강연을 열었을 때 단 한 명의 사람도 오지 않았다. 5,000만 명이 넘는 대한민국 인구 중에서 내 강의를 들을 사람이 단 한 명도 없다는 사실에 좌절감이 들기도 했다. 하지만 인생은 길다. 단기간에 승부해서 성공을 내는 기적 같은 스토리는 흔치 않다. 성공한 인생 뒤에는 밤낮으로 고생하고, 역경을 극복한 치열한 노력이 있다. 한 번 항구를 떠난 배는 엔진만 꺼지지 않는다면 계속해서 목표를 향해 나아갈 수 있다. 한번 시작한 강의도 포기만 하지 않는다면, 언젠가는 사람들이 모이고 강의도 인정받게 될 것이다.

이러한 믿음은 내 가슴에 불을 지폈다. 비록 시작은 초라하고, 보잘것 없지만 그 끝은 창대하리라 믿었다. SNS에 관한 책을 참고하여 끈질

기게 SNS를 통한 마케팅을 이어갔고, 인간관계에 관한 책을 보며 오프라인 모임을 만들고, 이끌고, 주도해나갔다. 포기하지 않고 계속 노력하다 보니, 사람들이 모이기 시작했다.

나는 강연 속에 이러한 나의 스토리를 담았고, 내 색깔을 입혔다. 머릿속에서만 생각해낸 이론을 얘기하는 강연이 아니라, 실제 부딪치고 깨지며 배운 삶의 교훈들을 이야기했다. 내 경험을 진솔하게 얘기하고, 누구나 따라 할 수 있게 노하우로 정리하자 다른 사람들과 차별화된 강연이 탄생하기 시작했다. 같은 주제와 같은 분야의 강연이라도 나는 나만의 색깔을 드러낸 강연을 하기 위해 노력한다. 강연에 '특별함'이 더해지기 시작하는 순간은 이때부터다.

지식창업자의 삶은 이처럼 경이롭다. '아이디어'만 있다면 누구라도 훌륭한 강연을 할 수 있다. 우리가 지금까지 책을 읽으며 찾은 나만의 스토리는 사람들에게 전달할 훌륭한 '아이디어'가 된다. 간단한 '아이디어' 만으로도 충분하다. 나만의 스토리가 담긴 생각^{Idea}은 사람들이 세상을 바라보는 시각을 바꾼다. 무대 위에서 나만의 매력적인 스토리를 다른 사람들에게 전하는 일은 황홀한 마법과 같다. 내 삶의 지식과 경험을 통해서 다른 사람의 성공을 돕기 때문이다.

어떤 경우든 우리의 삶의 스토리는 특별할 수밖에 없다. 당신은 당신의 인생을 경험한 유일한 사람이다. 전 세계 70억 인구 중에서 오직 단 한 사람, 당신만이 유일하게 경험한 것이다. 이렇게 삶을 통해 배운 지식과 경험이 놀라운 강연을 만들어 낸다. 사람들의 마음을 잡아당기는 세계적인 강연은 모두 자신의 특별한 스토리를 바탕으로 한다. 당신만의 무대, 당신만의 스토리, 당신만의 색깔이 당신을 특별하게 만들어줄 것이다.

콘텐츠를 구성하는 황금 비율의 법칙

❝인간의 어떠한 탐구도 수학적으로 보일 수 없다면,
참된 과학이라 부를 수 없다.**❞**

— 레오나르도 다빈치

시선을 떼지 못할 정도로 강렬한 아름다움을 가진 사람이나, 들으면 들을수록 마음을 울리는 음악, 세계적인 그림과 건축물에는 미적인 균형감인 '황금 비율'이라는 비밀이 숨어있다. 이러한 황금 비율을 '1:1.618'이라고 얘기하며, 고대 그리스 시대부터 건축물과 예술 작품들에 적용되기 시작하였다. 황금 비율은 사람의 시야에 가장 편안하게 보이는 구도와 비율로써 오랫동안 사람들의 인식 속에 자리 잡았고, 이는 시대에 따라 상대적으로 변화가 있을 뿐 무의식적으로 사람들의 머리에 각인되어 있다.

강연에도 사람들의 심리와 정서가 원하는 황금 비율이 존재한다. 이러한 황금 비율에 충실하면 청중들의 마음을 울리고 감동을 줄 수 있다.

강연의 황금 비율은 다음과 같다.

〈도입부〉—〈가〉—〈나〉—〈가'〉—〈종결부〉

0.5 　　 2 　　 4 　　 2 　　 0.5

만약 1시간짜리 강연을 한다면, 〈도입부〉가 3분, 〈가〉가 12분 〈나〉가 30분 〈가'〉가 12분 〈종결부〉가 3분이 되는 강연이 황금 비율에 맞춘 강연이라고 할 수 있다. 전체 1시간을 각 파트별 비율에 따라 적절히 배분하는 것이 핵심이다. 이렇게 강연을 진행하면 청중들이 전체적인 흐름을 예상할 수 있는 안정적인 강의가 이루어진다. '도대체 이 강연은 어디가 시작이고 언제 끝나는 거야'라는 마음이 드는 사람들에 마음에 드는 순간, 그 강연은 실패할 가능성이 높다.

정해진 황금 비율에 따라 각각에 어떤 콘텐츠를 넣어야 하는지 알기에 앞서 '어떤 강연을 할 것인가' 제목을 정하는 것이 중요하다. 제목은 사람들이 강연을 들을 것인지 안 들을 것인지 판단하는 첫 번째 기준이기 때문에, 사람들의 시선을 끌어당기는 매력적인 제목을 정하는 것은 상당히 중요하다. 예를 들면, '리더십'에 관한 강의를 할 때에는 '성공하는 리더십의 3가지 비밀'과 같이 궁금증을 유발하는 제목을 구성하는 것이다. 좋은 강연 제목을 만드는 것은 좋은 책 제목을 만드는 방법과 같다. 좋은 책과 강연들을 많이 보고, 연구하고, 벤치마킹해서 나만의 것을 만드는 것이다.

강연의 제목을 정한 뒤에 강연의 콘텐츠를 구성하는 일은 책의 목차를 쓰는 일과 비슷하다. 제목을 정하고 〈도입부〉 — 〈가〉 — 〈나〉 — 〈가´〉— 〈종결부〉에 각각 소제목을 붙인 뒤에 제목에 맞는 콘텐츠를 찾는다. 예를 들어,《성공하는 리더십의 3가지 비밀》이라는 제목을 정했으면, 〈가〉에는 '리더십이 왜 중요한가?'와 같이 강연 주제가 왜 중요한지에 대해 알려줄 수 있는 제목을 정한다. 〈나〉에는 본격적인 리더십의 3가지 비밀을 넣는다. 예컨대, 첫 번째 비밀 – 끌어당김의 법칙, 두 번째 비밀 – 존경의 법칙, 세 번째 비밀 – 영향력의 법칙이라는 제목을 정하는 것이다.

마지막으로 〈가´〉에서는 '리더십이 왜 중요한가?'를 다시 한 번 상기시켜주고, '리더십은 성공한 CEO들만이 하는 것이 아니라 당신도 할 수 있다'라는 메시지를 전달해주어야 한다. 예컨대, '집에서 아빠와 엄마의 역할을 하는 과정 속에도 리더십이 필요하다. 대부분의 사람들이 OO한 부분에서 잘못된 리더십을 보여주고 있다. 이 부분을 OO로 바꾸면 당신 또한 존경받는 부모님으로서 훌륭한 리더 역할을 할 수 있다.'와 같이 누구나 따라 할 수 있는 '솔루션'을 제시하는 것이다.

아무리 좋은 콘텐츠를 만들어도 처음에 사람의 마음을 열지 못한다면 전달력이 떨어질 것이다. 그래서 효과적인 도입부를 만드는 것은 강연의 승패를 결정하는 열쇠이다. 성공적인 도입부를 만드는 방법은 2가지가 있다. 첫 번째는 듣기 편하고 쉬운 이야기로 시작하는 것이다. 처음부터 '리더십은 중요하다'와 같은 심각한 얘기로 시작하면 청중은 부담을 느낀다. 가벼운 칭찬이나, 누구나 대답할 만한 질문으로 시작하는 것도 좋다. 예컨대, '예쁜 여자 오래 가나요, 오래 못 가나요?'와 같이 흥미로운 질문으로 시작하는 것이다.

두 번째는 청중과 공감대를 형성해서 빠른 시간 안에 마음을 열게 하는 것이다. 예를 들어, 청중이 대학생이라면 연애에 관한 이야기로 강연을 시작하는 것이 효과적이다. 예를 들면, '저는 첫사랑을 아직도 못 잊어요.'와 같은 말 한 마디는 사람의 마음을 열게 만드는 효과가 있다. 청중의 공감을 사는 또 다른 방법은 나의 '약점'이나 '비밀'을 보여주는 것이다. 예를 들면, '오늘 주제가 리더십인데, 저는 사실 누구 앞에만 서면 떨리는 무대 공포증을 가지고 있었습니다.'라고 시작하면서 그 약점을 어떻게 극복했는지 알려주는 과정에서 자연스럽게 리더십에 관한 이야기로 넘어가는 것이다.

이렇게 〈도입부〉를 시작하면, 청중들은 내 이야기에 귀를 기울이기 시작하면서 점차 마음을 열어갈 것이다. 청중들과 나의 이야기를 통해 청중들이 '맞아, 나도 그랬었지', '저 사람도 그런 어려움이 있었구나!'라고 고개를 끄덕거리는 사이 청중은 나와 공감대를 형성한다. 다음으로는 〈가〉로 넘어가면서 리더십이 왜 중요한지 논리적으로 설명하면서 재미있는 에피소드를 많이 소개한다. 특히 빌 게이츠나 스티브 잡스, 마윈이나 잭 웰치와 같이 세계적으로 유명한 사람의 이야기와 그들이 했던 명언을 풀어놓으면서 강연에 불을 붙인다. 그리고는 〈나〉에서 리더십의 3가지 비밀을 이야기한다. 각각의 비밀에 논리적 근거와 에피소드를 적절히 배치해서 듣는 이의 눈과 귀를 사로잡는다.

　이제 청중들은 점점 이야기에 빠져들면서, '저는 어떻게 하면 되나요?' 하고 물을 것이다. 그때쯤, 〈가'〉로 넘어가면서 리더십을 실천할 수 있는 구체적인 방법들에 대해 알려주고, 그에 따른 에피소드를 들려주면서 마지막 마무리하는 말로 강연을 마치는 것이다. 〈종결부〉는 감동적인 말로 마무리하는 것이 가장 효과적이다. 나는 주로 유명 인사의 명언이나 격언을 통해 마지막 마무리를 짓는다. 앞에서 약간의 실수가 있어도 마무리가 마음에 와 닿으면, 앞에서 했던 말들이 모두 감동적으로 기억되기 때문이다.

주제 '성공하는 리더십의 3가지 비밀'

　〈도입부〉 청중과 공감할 수 있는 말이나 질문으로 시작해서 청중들이 내 이야기를 들을 수 있게 마음을 열게 한다.

　〈가〉 리더십이 왜 중요한가?

　〈나〉 리더십의 3가지 비밀
　• 첫 번째 비밀－끌어당김의 법칙
　• 두 번째 비밀－존경의 법칙

• 세 번째 비밀 – 영향력의 법칙

〈가′〉 어떻게 하면 리더십을 가질 수 있는가?(누구나 따라 할 수 있는 솔루션 제시)

〈종결부〉 감동적인 말이나 에피소드로 마무리한다.

사람들의 가슴에 불을 지피는 훌륭한 강연은 이렇게 황금 비율에 따라 철저하게 계획된 준비를 통해 나온다. 강연을 준비하는 것은 책을 쓰는 것과 같다. 하나의 틀만 가지고 있으면, 내가 보고, 듣고, 읽고, 연구하는 모든 것이 콘텐츠가 될 수 있다. 어떤 제목을 사용하느냐, 어떤 에피소드를 사용하느냐는 질문에 따른 답은 모두 당신 주변에 놓여있다. 당신 주변에 놓인 책과 도서관에 가득 찬 책들, 유튜브 강연 영상, 사람들의 이야기에 그 모든 정답이 있다. 우리는 곁에 놓인 재료에 손을 뻗어 찾기만 하면 되는 것이다.

청중과의 감성 코드를 맞춰라

❝ 나는 모든 사람에게 내가 겪은 모든 일에 대해 이야기하고 싶었다.
내가 재미있다고 생각했기 때문이다.
그러나 내가 들은 것은 코고는 소리였다. **❞**

— 데이비드 듀코브니

사람의 말이 가진 힘은 위대하다. 한 아이를 키워낼 수도 있고, 사랑을 고백할 수도 있으며, 국가 간에 전쟁을 일으킬 수도 있다. 한 마디 말을 통해 한 사람의 생명을 살릴 수도, 죽일 수도 있다. 지식창업자들은 이렇게 강력한 말이라는 도구를 통해 지식과 경험을 전달한다. 단순히 이야기를 나열하는 것이 아니라, 모든 사람의 이목을 집중시킬 만큼 강력하게 이야기를 잘하기 위해선 어떻게 해야 할까.

이 질문에 대한 해답은 청중을 이해하는데 있다. 청중을 이해하는 감성 코드는 두 가지로 나뉜다. 첫 번째 감성 코드는 참여한 청중들의 특징을 파악하는 것이다. 나잇대는 어떻게 되는지, 관심 있는 분야는 무엇인지 파악하는 것에서부터 회사의 소속, 직함, 호칭에 관한 사항까지 철저하게 파악해야 한다. 20, 30대를 대상으로 하는 '리더십' 강연에서 40, 50대가 좋아할 만한 유머를 사용하는 것은 강연 분위기를 저하시킬 수 있다. 반대의 경우도 마찬가지다.

청중들이 공통적으로 관심 있는 분야에 대해 알고 있다면, 그것에 대한 이야기로 강연의 도입부를 시작할 수도 있다. 예를 들어, 정치에 관심 있는 20, 30대를 위한 '인간관계' 강연에서는 내가 어떻게 정치에 관심을 갖게 되었는지 흥미로운 에피소드^{episode}를 소개하며 강의를 시작하는 것이 효과적이다. '이 사람도 나처럼 정치에 관심을 가지고 있구나'라는 생각이 들면서 공감대가 형성되기 때문이다.

나는 '영어'에 대한 지식과 노하우를 전달하는 강연을 한다. 청중들은 대부분 고등학생들이고, 학부모를 위한 강연을 주최할 때도 있다. 사람들이 강연을 들으러 올 때, 가장 궁금한 부분은 '어떻게 한국에서만 영어를 공부해서 잘 할 수 있었는가'이다. 나는 어렸을 때 내가 공부를 얼마나 못했는지부터 이야기를 시작한다. 공부 자체를 얼마나 싫어했으면, 초등학교 6년 내내 노트 한 권만 들고 다녔다. 이 이야기는 많은 사람들의 공감을 산다. 공부를 좋아하는 사람은 세상에서 찾아보기 힘들기 때문이다. 그 이후 한국에서 어떻게 영어 공부를 시작하게 되었는지 하나씩 하나씩 이야기를 풀어나간다.

지식창업자로서 사람들을 도울 수 있는 분야는 각자 다르다. 어떤 분야의 사람들을 도울 지는 개개인이 가진 지식과 경험에 따라 달라지기 때문이다. 같은 '리더십'에 관한 강연이라도, 어떤 사람은 창업을 준비하는 20, 30대 예비 CEO를 대상으로 강연을 할 수도 있고, 어떤 사람은 현직 CEO들을 대상으로 강연을 할 수도 있다. 그게 아니라면, '훌륭한 결혼 생활을 위한 3가지 비밀'이라는 강연을 통해서 예비부부나 신혼부부들을 위한 가정 내 리더십에 대한 강의를 할 수도 있다. 어떤 강연을 할 때 청중에 대해 정확히 이해하는 것은 내 이야기를 어떻게 더 매력적으로 만들지 결정하는데 큰 도움을 준다.

두 번째 감성 코드는 청중이 듣고 싶지 않은 얘기를 하지 않는 것이다. 청중은 비난, 험담, 불평, 변명, 과장, 독단적인 내용을 듣고 싶어 하지 않는다. 다른 사람을 비난하거나 사회에 불평과 불만을 제기하거나, 있는 사실을 과장하거나, 자신의 이야기를 누구나 인정하는 사실처럼 독단적으로 제시하는 모든 내용은 강연에서 첫 번째로 빼야 할 내용이다. 청중들은 바보가 아니다. 누군가를 은근히 비판하고, 희화화하는 대상으로 사용하는 것은 가장 낮은 형태의 유머이다. 이러한 여섯 가지 형태의 언어 비난, 험담, 불평, 변명, 과장, 독단적인 내용은 강연 내용에서 더 나은 것으로 대체될 수 있도록 바꿔야 한다.

'세상을 바꾸는 18분의 기적'이라고 불리는 TED에서 가장 훌륭한 강의로 손꼽히는 줄리안 트레저의 《사람들이 듣고 싶어 하게 말하는 법》

에는 이러한 여섯 가지 언어의 형태를 바꾸고 사람들에게 선물을 줄 수 있는 강연을 위해 토대로 삼아야 할 네 가지 기초 원리가 나온다. 이 네 가지 원리는 다음과 같다.

- Honesty 정직
- Authenticity 진정성
- Integrity 도덕성
- Love 사랑

첫 번째, Honesty는 정직이다. 말에 있어서 진실하고 솔직한 것이다. 세계적인 가수 비욘세가 부른 'Honesty'의 가사를 보면, 정직이 사람들로부터 듣기 어려운 것이라고 얘기한다. 그만큼 정직하기가 어려운 것이다. 강연을 하는 사람들은 자기를 더욱 드러내고 싶은 마음에 과장하려는 유혹에 빠지기 쉽다. 하지만 반대로 생각해보면, 정직하게 강연하는 사람들이 많지 않기에, 정직은 더욱 빛을 발한다. 긴 인생의 관점에서 봤을 때, 정직하게 강연을 하는 사람과 그렇지 못한 사람 중에서 누가 더 오래 사랑받으며 성공할 것인가를 물었을 때, 답은 명확하게 전자이다. 사람들은 뛰어난 말솜씨를 가진 사람보다도 정직하게 얘기하는 사람에게 더 높은 신뢰와 호감을 가진다.

두 번째 Authenticity는 진정성이다. 즉 자신 그 자체가 되는 것이다. 강연을 하다 보면, 멋지게 강연하는 사람의 모습을 따라 하고 싶은 욕심이 든다. 하지만, 그렇게 되다 보면 내 모습이 아니라 다른 사람의 모습을 따라하는 어색한 모습으로 강연을 할 가능성이 높다. 따라 하는 것이 아니라 부족해도 나만의 모습을 그대로 보여주는 진정성이 중요하다. 청중들은 그 모습을 통해 신뢰감을 느낀다.

세 번째 Integrity는 도덕성이다. 이는 말과 행동이 일치하고 신뢰할 수 있는 사람이 되는 것이다. 강연을 통해 수많은 사람들에게 '매일 아침 6시에 일어나는 사람이 되라'라고 말하고 그것을 실천할 수 있는 5가지 비밀에 대해 알려줬는데, 정작 스스로가 매일 10시가 넘어서 일어나는 늦잠꾸러기라면 도덕성에 어긋난다. 도덕 선생님이 '빨간불에 횡단보도를 건너지 말라'고 했는데 남몰래 무단 횡단을 하는 모습을 상상해보면, 청중들이 느낄 배신감이 어떨지 짐작할 수 있다.

마지막으로 Love는 사랑이다. 낭만적인 사랑을 의미하는 것이 아니라 사람들이 잘되기를 바라는 마음이다. 지식창업자가 궁극적으로 가져야 할 마음의 자세이다. 지식창업자의 삶은 우리가 가진 지식과 경험을 통해 누군가를 돕고, 성공시키는 일이다. 그러기 위해서는 다른 사람이 잘 되기를 바라는 진정한 사랑의 마음이 있어야 한다. 사람들은 강연자가 진정한 노하우를 빼놓고 얘기하는지, 진정 아낌없이 모든 노하우를 공개하는지 직감적으로 알고 있다.

청중들과 감정의 코드를 맞추는 일의 핵심은 결국 '소통과 공감'에 있다. 더 나은 소통과 공감을 이루기 위해서는 청중이 누구인지 아는 일이 첫 번째이며, 그다음으로는 그들이 듣고 싶어 하는 이야기를 들려주는 것이다. 성공적인 지식창업자로서 나아가기 위해서 반드시 이를 실행하고, 실천해야 한다.

강연은 하나의 완벽한 예술이다.

> **❝**모든 예술가들은 자신의 영혼에 붓을 담가
> 자신의 본성을 그림으로 그린다.**❞**
>
> — 헨리 워드 비처

'성공적인 강연을 위한 비언어적 커뮤니케이션

눈빛, 미소, 제스처'

뛰어난 연사는 처음부터 청중과 눈을 맞춘다. 자신감 넘치게 무대에
오르고, 여유 있게 청중을 둘러보며 눈을 맞추고 아름다운 미소를 짓는
다. 누구나 뛰어나게 말을 잘하는 것은 어렵지만, 누구나 청중과 눈을 맞
추고 미소를 지을 수는 있다. 이것이 청중의 마음을 단번에 사로잡는 비
밀이다. 청중과 눈을 마주치며 연설을 시작하면, 청중은 강연자의 말에
곧바로 빠져든다. 군대에 있는 때, 국내에서 가장 유명한 픽업 아티스트
pick-up artist의 강연을 들을 기회가 있었다. 그는 자신감 있는 태도로 앞에

나와서 힘차게 인사하고는 사랑하는 여자를 바라보듯이 몇 사람을 바라보고, 미소 지으며 강연을 시작했다.

그의 강연은 듣는 내내 시종일관 화기애애하고, 즐거웠다. 청중과 끊임없이 눈을 맞추면서 과감하게 무대에서 내려오기도 하고, 자신감 있는 모습으로 강연을 처음부터 끝까지 주도해나갔다. 그의 강연의 첫 시작은 청중과 눈을 마주치고, 미소를 짓는데 있었다. 이를 통해 청중의 마음을 열고 소통하고 공감하며 두 시간 내내 즐거운 분위기를 만들어나간 것이다.

사람은 눈을 바라보며 상대를 파악하는 능력이 있다. 그래서 처음 소개팅을 나간 자리에서 얼굴을 볼 때 눈을 마주치고 이야기하는 것은 굉장히 중요하다. 당신은 무의식중에도 상대의 눈 근육의 섬세한 움직임을 살피고, 이를 바탕으로 상대의 기분을 파악한다. 상대방도 당신과 같다. 두 사람이 서로 바라보고 있는 것만으로도 감정이 공유가 된다. 내 기분이 좋으면, 상대방의 기분도 좋아지고, 내가 긴장하면 상대방도 긴장한다. 마주 보고 있는 상대방의 기분이 서로 공유되는 놀라운 일은 강연장에서도 일어난다. 강연자가 긴장한 모습을 보이면, 청중도 같이 긴장이 된다. 일대일로만 일어나는 일이 아니라, 강연자의 감정이 집단으로 공유되는 현상이 발생하는 것이다.

그렇기 때문에 처음 강연을 시작할 때, 자신감 있게 무대에 올라가

인사를 하고, 여유롭게 시간을 갖고 청중과 눈을 마주친 뒤 강연을 시작하는 것은 굉장히 중요한 일이다. 청중에게 '이 사람은 여유 있고, 편안한 사람이구나!'라는 생각을 들게 만들어서, 마음을 연 상태에서 강연을 시작할 수 있기 때문이다. 강연자가 긴장한 모습을 보이면, 청중이 강연자를 걱정하는 일이 발생한다. '강연자가 실수하면 어떡하지. 저렇게 손을 떠는 모습을 보니 너무 안타까워'라는 생각에 강연의 내용보다는 강연자의 눈빛이나 제스처에 더 많은 신경을 쏟게 된다.

처음에 너무나 많은 긴장을 했다면, 이 긴장을 깨는 방법도 있다. 그 비밀은 바로 '미소'에 있다. 호감 어린 미소를 지으며 눈을 맞추는 행동은 강연의 흐름을 바꿀 만큼 놀라운 기술이다. 우리가 무대 위에서 우리의 스토리를 전달하며 잊지 말아야 될 사실은 '소통'에 있다. 강연은 바로 몇 걸음 앞에 앉아있는 청중과 열정을 공유할 수 있는 소중한 기회라는 사실이다. 무대에 올라서자마자 급하게 첫 문장을 내뱉을 필요가 없다. 무대 위에 올라가 객석의 몇 사람을 택하자. 그들의 눈을 들여다보며 미소를 짓자. 그때부터 당신이 하려던 이야기를 시작하면 된다.

이야기의 근원은 약 100만 년 전으로 거슬러 올라간다. 이야기를 통한 말하기storytelling 스토리텔링은 인류가 불을 다루기 시작하면서부터 시작되었다. 날이 어두워진 뒤 사람들이 불을 중심으로 한 자리에 모여 서로 이야기를 나누는 문화가 나타나기 시작한 것이다. 강연에서 시작할 이야기도 여기서부터 생각하면 편하다. 밤에 모여 서로 자신의 생각을 이야기하던 문화가 발전되어 온 것이 강연의 형태라고 보면 된다.

그러므로 부담스러운 이야기를 꺼낼 필요는 없다. 나의 이야기를 모닥불을 중심으로 옹기종기 모여 있는 사람들에게 전하듯 자연스럽게 시작하면 된다. 당신이 가진 지식과 경험은 다른 사람들이 상상하고 꿈꾸며, 공감하는 능력을 발전시킨다. 인류의 지적인 성장은 이야기의 공유 storytelling를 통해 이루어졌다. 어려운 설명이나, 복잡한 이야기를 꺼낼 필요도 없다. 말하는 사람은 듣는 사람이 한 번에 한 걸음씩 따라오도록 천천히 이끌면 된다. 모닥불을 둘러싸고 앉아서 이야기를 들었던 오랜 역사 덕분에 인간의 뇌는 이야기를 따라가는데 능숙하기 때문이다.

당신의 이야기를 듣다 보면, 청중들은 자연스럽게 당신의 경험에 공감하게 될 것이다. 어느 순간 당신이 쌓아온 생각과 지식, 에피소드 episode 에 몰입하고 있는 청중들을 발견하게 될 것이다. 당신이 흥분하거나 즐거워하면, 청중들도 같은 기분을 느낀다. 강연의 끝이 기대되고, 어떤 이야기가 이어질지 궁금해진다. 당신의 이야기가 청중들의 마음을 사로잡은 것이다.

우리가 TV에 나오는 배우들의 감정에 동화되는 것처럼, 청중들 역시 우리들이 풀어놓는 이야기에 따라 감정이 공유된다. 당신이 서 있는 무대 위에서 주인공은 오직 당신이다. 모든 사람들이 당신의 눈빛, 미소, 제스처를 바라본다. 청중들은 당신의 입술에서 나오는 이야기에 따라 함께 공감하고, 소통하고, 울고 웃는다. 배우들이 오랜 시간 철저한 노력과 연습을 통해 훌륭한 배역을 연기하듯이, 강연자도 무대 위의 자신의 모습을 끊임없이 노력하고 더 좋은 모습으로 바꿔나가야 한다.

눈빛과 미소, 이야기를 지나 성공적인 강연을 만드는 마지막 조각은 '제스처'에 놓여있다. 많은 사람들이 손을 가장 어려운 제스처로 꼽는다. 나는 항상 손을 상반신 위로 두는 습관을 가지고 있다. 처음에는 한 손에는 마이크를 들고, 한 손에는 슬라이드를 넘기는 장치를 들고 강연을 했다. 멀리서 보면 양 손에 무기를 들고 얘기를 하는 느낌이 들었다. 비디오로 녹화된 모습가장 좋은 피드백은 비디오로 녹화된 자신의 모습을 보는 것이다을 보다가 '손이 너무 어색하다'는 사실을 깨달았다. 나는 유튜브를 통해 세계적인 명사들의 강연을 찾아보다가 누구나 따라 하기 쉬운 제스처를 훌륭하게 구사하는 사람을 찾았다. 오바마 前대통령과 스타강사 김미경이다.

두 사람은 말을 할 때 손을 상반신 밑으로 내리는 일이 없다. 말할 때 손을 사용하면, 전달 효과가 배가 된다는 사실을 알기 때문이다. 같은 말이라도, 주머니에 손을 넣고 하거나 뒷짐을 지고하면 전달력이 떨어진다. 그렇기에 항상 손을 아래로 두지 않고, 자신이 하고자 하는 이야기에 맞춰 제스처를 설정하고 철저하게 연습하는 것이다. 예를 들어, 포용과 화합을 강조한다면 양 팔을 넓게 펴는 제스처를 취하고, 강조할 사항에는 검지 손가락을 들어서 강조하는 제스처를 취하는 것이다.

이처럼 완벽한 콘텐츠와 청중에 대한 이해 그리고 몸짓 언어가 조화를 이룰 때 비로소 말은 예술이 된다. 세계적인 명곡이나 아름다운 그림처럼 사람의 마음을 울리게 하는 것이다. 강연은 완벽한 준비가 바탕이 될 때 하나의 예술로 재탄생한다. 사람들을 몰입시키는 강연을 하고 싶다면, 위에 제시한 콘텐츠와 3가지 비언어 커뮤니케이션을 중심으로 철저한 연습이 이뤄져야 한다. 비디오 녹화를 통한 지속적인 피드백은 두말할 나위 없이 좋은 방법이다. 세계적인 TED 강연이나, 대통령 연설, 스타 강사들의 화려한 무대 뒤에는 이처럼 많은 노력과 연습이 숨어있다.

박수받는 강연을 위한
네 가지 성공 법칙

❝우리가 이 세상에서 해야 할 일은, 단 하나의 위대한 행동보다는
매일 행하는 작고 사려 깊은 행동으로 세상을 바꿔나가는 것이다.**❞**
— 해롤드 쿠시너

나는 강연을 예술로 만들고 싶었다. 대학교 때 연극을 했던 경험을 살려, 하나의 예술 작품과 같은 강연의 무대를 꾸미고 싶은 욕심을 갖게 되었다. 이를 위해서 미국 대통령의 연설부터 스타 강사들의 강연까지 다양한 무대를 유튜브로 찾아보고, 들으러 다니면서 성공적인 강연의 비결에 대해 분석에 분석을 거듭했다. 그 중 우연히 TED의 대표를 맡고 있는 크리스 앤더슨이 제작한 《훌륭한 강연을 위한 TED의 비법》이라는 영상을 보게 되었다. 이 영상 하나가 '강연'에 대한 나의 생각을 획기적으로 전환시켜 놓았다. 지금부터 그의 이야기를 한 번 들어보자.

TED는 나이, 종교, 성별을 떠나 사고의 폭을 넓히는 명강사를 초빙

해서 강연을 주최하는 비영리 단체이다. '세상을 바꾸는 18분의 기적'이라고 불릴 만큼 TED를 완전히 새로운 모습으로 바꿔놓은 크리스 앤더슨은 전 세계적으로 꽃을 피우는 마법 같은 스피치의 비밀을 다음의 네 가지로 얘기한다.

그의 첫 마디를 들어보자

"모든 위대한 TED 강연에 공통적으로 있는게 하나 있습니다. 그걸 여러분들과 공유하려고 합니다. 저는 위대한 강연의 비결을 수많은 TED 강연자로부터 직접 배웠습니다. 수많은 강연자들과 그들의 주제들이 모두 다 다른 것처럼 보이지만, 한 가지 중요한 재료가 공통적으로 들어 있습니다. 그것은 청중들의 마음속에 우리가 아이디어라고 부르는 특별한 선물이자 이상하고도 아름다운 물건을 옮겨놓는 것입니다."

그가 말하는 아이디어란 이야기의 힘으로 생생하게 풀어낸 '통찰'일 수도 있고, 의미 있는 '아름다운 이미지'일 수도 있다. 일어나기를 바라는 미래의 '사건'이나 인생에서 중요한 것을 일깨우는 '메시지'일 수도 있다. 지식창업자의 지식과 경험은 이러한 아이디어를 모두 포함한다. 우리의 지식과 경험은 곧 아이디어인 것이다. 이러한 아이디어를 사람들의 마음속에 들어갈 수 있도록 옮겨놓은 것이 성공적인 강연의 핵심 열쇠이다.

그는 흥미로운 방식으로 아이디어를 풀어내는 4가지 방식에 대해 이야기 한다.

"아이디어는 인간 문화의 모습을 빚는 가장 강력한 힘을 가지고 있습니다, 그러므로 강연에서 가장 중요한 일이 청중들 머릿속에 아이디어를 구축하는 것이라는 사실에 동의하신다면, 어떻게 그 일을 해낼 수 있는지 4가지로 알려드리겠습니다.

첫째, 여러분의 강연은 핵심 아이디어 하나로만 한정하세요. 아이디어는 복잡한 것입니다. 여러분이 제일 큰 열정을 갖는 하나의 아이디어에 집중하고 그 하나를 제대로 설명할 수 있는 기회를 얻기 위해 내용을 줄여야 합니다. 맥락을 제시하고 예시를 공유하고 생생하게 보여주어야 합니다. 그러니까 아이디어 하나만 골라서 강연 전체를 꿰뚫는 하나의 선이 되게 하세요. 여러분이 말하는 모든 것이 어떤 방식으로든 그 선과 연결되게요.

둘째, 청중들이 관심을 가질 이유를 주세요. 청중들 마음속에 무언가를 짓기 전에 여러분을 기꺼이 받아들여 줄 허락을 받아야 합니다. 청중들의 허락을 받기 위해 필요한 중요한 도구가 뭘까요. 바로 호기심입니다. 청중의 호기심을 자극하세요. 흥미롭고 자극적인 질문을 던져서 왜 무언가가 말이 안 되고, 설명이 필요한지 알려주세요. 사람들의 세계관 속에 연결이 끊어져 있는 부분을 드러내 주면 사람들은 그 지식 격차를 이을 필요를 느끼게 될 겁니다. 그 욕구를 불러일으키고 나면 여러분의 아이디어를 사람들의 머릿속에 구축하는 게 훨씬 쉬워질 겁니다.

셋째, 청중들이 이미 이해하고 있는 개념으로 여러분의 아이디어를 차곡차곡 구축해 나가세요. 언어의 힘을 사용해서 청중들의 머릿속에 이미 존재하는 개념들을 함께 엮으세요. 그렇지만 여러분의 언어가 아닌 누구나 이해하기 쉬운 청중들의 언어로요. 그들이 서 있는 지점에서 시작하는 것이죠. 강연자들은 종종 자신들의 삶 속에 있는 개념과 용어들이 청중들에게는 생소한 언어라는 사실을 잊어버립니다.

이때 비유는 깨어진 조각들이 어떻게 맞추어지는지 보여주는데 중요한 역할을 합니다. 청중들이 이미 이해하고 있는 아이디어를 이용하여 비유를 이해하기 시작합니다. 예를 들어, 제니퍼 칸은 'CRISPR'이라는 놀라운 생명공학 기술을 이렇게 설명했습니다.

"DNA를 편집할 수 있는 워드프로세서가 처음으로 생긴 기분입니다. 'CRISPR'은 유전 정보를 매우 쉽게 자르고 붙일 수 있게 해줍니다."

이런 생생한 설명은 청중들에게 만족스러운 깨달음의 순간을 가져다줍니다. 우리 머릿속에 착 달라붙으면서요. 그렇기에 절친한 친구들을 대상으로 강연을 해보고 어느 부분에서 헷갈려하는지 알아내는 것이 중요합니다.

마지막 성공적인 강연의 네 번째 비결은 여러분의 아이디어를 공유할 가치가 있도록 만드는 것입니다. 이 질문을 해보세요. "이 아이디어가 누구에게 이익이 되는가?" 진솔하게 답하셔야 합니다. 여러분이나 여러분의 조직에만 이익이 되는 아이디어라면 죄송하지만 공유할 가치가 없는 아이디어입니다. 청중들은 속내를 꿰뚫어 볼 것입니다. 하지만 다른 이들의 삶을 나아지게 하거나 다른 사람들의 관점을 더 나은 방향으로 변화시키거나 다르게 행동할 계기를 마련해줄 가능성이 있는 아이디어라고 생각하신다면 진정으로 훌륭한 강연을 만들 수 있는 핵심 재료를 가지고 계신 겁니다. 이는 우리 모두에게 선물이 될 수 있는 강연입니다."

이와 같은 크리스 앤더슨의 이야기는 성공적인 강연에 관한 훌륭하고 탁월한 통찰력을 제공한다. 단 한 가지 핵심 아이디어를 선별하고, 청중들의 호기심을 자극해서, 누구나 이해하기 쉬운 언어로 청중들의 머릿속에 아이디어를 옮겨놓는 일은 성공적인 강연을 위한 가장 핵심적인 프로세스를 보여준다. 만약 이러한 핵심 아이디어가 다른 사람들의 삶을 나아지게 하거나, 다른 사람들의 관점을 더 나은 방향으로 변화시키거나, 새로운 행동을 촉구한다면 그것은 모두가 공유할 만한 가치 있는 아이디어이다. 발 없는 말이 천 리를 가듯, 그 강연이 공개되는 순간 전 세계의 수많은 유튜브 구독자들에게 확산될 것이다.

나는 스피치와 강연에 관한 수많은 책과 강연을 봤지만 이와 같이 훌륭하게 정리한 내용은 보지 못했다. 이를 통해 우리는 성공적인 강연에 관해 많은 것을 배울 수 있다. 모든 성공한 지식창업자들은 세상을 더 나은 방향으로 변화시키고, 다른 사람을 도울 수 있는 아이디어를 전달했다. 전문가나 석·박사들이 가지고 있는 이론과 지식이 아니라, 누구나 자신만의 삶 속에서 경험한 교훈과 지식이 다른 사람들을 돕고, 세상은 더 나은 방향으로 이롭게 변화시킬 수 있다면 이는 '핵심 아이디어'가 될 수 있다. 이를 믿고 나아가면, 당신의 지식과 경험은 돈으로 측정할 수 없는 가치가 되어 돌아올 것이다.

Chapter **07**.

나만의 브랜드 상품을 개발하라

브랜드에 새로운 가치를 부여하라

❝혁신은 리더와 추종자를 구분하는 잣대이다.**❞**
― 스티브 잡스

브랜드에 관한 기존의 전통적인 관점을 달리한 역발상으로 성공한 예를 알아보자. 기존의 수많은 브랜드 제품들은 '제품'에 초점을 맞춰서 어떤 마케팅으로 소비자들의 시선을 끌어당길 것인지에 대해 고민했다. 빠르게 변화하는 주변 환경에서부터 끊임없는 변하는 고객의 마음을 사로잡기까지 '제품' 하나만 생각해도 고려해야 할 사항들이 엄청나게 많다. 이제부터 이러한 기존의 관점에서 벗어나서 새롭게 판을 짜기 시작할 것이다. 철저하게 '나'를 중심으로 한 새로운 무대를 만들어 낼 것이다.

앞에 제시한 단계들을 충실히 따라온 사람이라면, 자신이 가진 지식과 경험을 사람들과 나눌 수 있는 특별한 '스토리'로 만들고, 그것을 알리기 위한 '세 가지 플랫폼'과 함께 '책'과 '강연'이라는 강력한 무기를 가지는 방법을 알게 되었을 것이다. 그것들이 현실화되는 순간 당신은 세상이라는 무대의 주인공으로 한 걸음 더 나아가게 된다. 제품이 아닌 '사람'이 브랜드가 되는 순간부터 '당신'이 가진 모든 것이 브랜드로 재탄생한다.

2014년 〈별에서 온 그대〉라는 드라마가 시청자의 눈을 사로잡았다. 〈별그대〉에 여자 주인공으로 나온 천송이(전지현)가 입은 옷, 가방, 액세서리가 유명세를 탄 것이다. 가격을 떠나서 그녀가 입었던 여러 가지 옷과 액세서리가 '천송이룩'이라는 이름 아래 빠른 속도로 팔려나가기 시작했다. 900만 원을 넘는 에르메스 망토가 고가임에도 불구하고 완판되었고, 지금까지 널리 알려져 있지 않던 브랜드 제품들이 '천송이'라는 극 중의 여배우로 인해 사람들에게 알려지기 시작했다.

경제학 교과서에나 나올법한 '합리적인 경제주체'라면 단지 천송이가 입었다는 이유만으로 900만 원이 넘는 에르메스 망토를 구매하지 않을 것이다. '품질을 높여라', '가격 경쟁력을 갖춰라', '소비자의 입장에서 생각하라'와 같이 기존의 마케팅에 관한 상식들은 이런 상황 앞에 철저하게 무너졌다. 행동 경제학경제주체들이 제한적으로 합리적이며 때론 감정적으로 선택하는 경향이 있다고 주장하는 경제학의 한 분야이라는 새로운 분야로 넘어가지 않더라도, 우리는 이를 통해 드라마 속의 인기 여배우를 통해 새로운 브랜드로 재탄생하는 과정을 볼 수 있었다.

성공적인 지식창업자들은 '천송이'와 같다. 각각의 지식창업자들이 활용하는 모든 제품이 브랜드로 재탄생할 수 있기 때문이다. 지식창업자가 '천송이'와 다른 점은 '천송이'는 다른 브랜드의 제품을 대신 홍보해준 것이고, 지식창업자는 자기 스스로가 '천송이'가 되어 수많은 사람들에게 자신만의 제품을 홍보하고 판매한다는 사실이다. '천송이'는 광고주의 돈을 벌어주고 그에 따른 수수료를 받지만, 지식창업자는 독창적으로 자신의 제품을 판매해서 수익을 창출하는 점이 차별화된 부분이다. 성공한 지식창업자들은 지식을 제품화하여 자신만의 돈을 버는 시스템을 만들어 왔다. 지식창업자에게 자신만의 가치가 담긴 브랜드 제품이란 이처럼 새로운 머니트리^{money tree}를 의미한다.

어떻게 이런 일이 가능할까? 성공적인 지식창업자들은 자신의 브랜드에 세 가지 가치를 부여한다.

첫 번째는 소속감이다. 사람들은 사회적인 존재이다. 혼자 독립된 삶이 아니라 소속된 집단에서 오는 가치를 소중하게 여긴다. 지식창업자들은 자신만의 무대에서 소속감을 주지시키기 위해 브랜드 제품을 제작해서 판매한다. '리더십'에 관한 아이디어와 스토리를 전달하는 지식창업자라면, 자신의 강연을 듣고 4주, 8주, 12주 과정을 수강하는 사람들에게 '상상을 초월하는 부를 이루는 비전 다이어리' 등과 같은 제품을 판매해서 소속감을 주는 방식이다.

'상상을 초월하는 부를 이루는 비전 다이어리'와 같은 제품은 가격과 품질을 떠나서 그 제품 하나만으로도 소속감과 자부심을 준다. 한마디로 '문화적 코드'를 판매하는 것이다. 선망하는 연예인이 가진 제품은 가격과 품질을 따지지 않고 사고 싶고 소유하고 싶은 욕망을 불러일으키는 것과 같이 성공적인 지식창업자들은 자신만의 색깔과 문화적 코드가 담긴 제품을 판매한다. 이를 통해 '멤버십'으로 묶인 공동체가 형성이 되고, 이는 서로 협력하고 함께 꿈을 이뤄나가는 문화를 만들어 간다.

두 번째 가치는 영향력이다. 제품을 소유한 것만으로도 하나의 지식창업자 '커뮤니티'에 소속이 된다. 커뮤니티에 소속된 구성원으로서 '멤버십'을 갖게 되는 것이다. 만약 '책 쓰기'에 관한 지식을 전달하는 지식창업자라면, 함께 '멤버십'으로 묶인 공동체 속에서 각자가 서로 출간된 책을 사서 읽어보고, 그에 대한 서평을 남겨주는 문화를 만들 수 있다. 혼자 존재하는 상태에서 100명이 함께 하는 공동체로, 그것을 뛰어넘어 만 명, 십만 명이 함께하는 공동체로 크기가 커지면서 단숨에 베스트셀러의 자리에 오르고, 생각지도 못한 소중한 기회들을 얻게 되는 경험을 한다.

실제 이렇게 '영향력'에 대한 가치를 판매하는 '책 쓰기' 관련 지식창업자들이 존재한다. 가장 유명한 곳은 '공동체'의 영향력으로 수많은 베스트셀러를 만들어내기도 한다. 그들이 만드는 제품은 곧 그들의 공동체에 속하는 '멤버십' 보증수표가 되며, 이는 엄청난 영향력에 함께 한다는 의미와 같다. 이렇게 이들은 자신의 제품에 '영향력'이라는 가치를 담는다.

마지막 가치는 꿈이다. 리더십 지식창업자의 '상상을 초월하는 부를 이루는 비전 다이어리'나 책 쓰기 지식창업자의 '천재작가의 상상력 노트'와 같은 제품들은 사람들에게 꿈을 불어넣어 준다. 사람은 미래에 대한 희망으로 살아간다. 더 나은 내일에 대한 오늘 하루 힘들어도 살아갈 수 있는 것이다. 이는 매일 더 나은 자신을 만드는 원동력이 된다. 성공적인 지식창업자들의 제품에는 모두 '꿈'이라는 공통적인 요소가 들어가 있다.

한 브랜드 전문가의 정의에 따르면 브랜드는 타인과 차별화되는 심리를 파악하여 자신만의 고유 영역을 문자와 도형으로 표현해 낸 것을 의미하며, 브랜딩은 그 브랜드가 입체적으로 고객경험을 창출하는 것을 의미한다. 이러한 관점에서 볼 때, 성공적인 지식창업자는 제품에 '소속감'과 '영향력'과 '꿈'이라는 세 가지 가치를 담은 브랜드를 만들고 브랜딩을 이뤄낸다. 브랜드에 새로운 가치를 부여하는 것이다.

베스트가 아니라 유니크가 답이다

> **"**창조적인 삶을 살기 위해 우리는 잘못되는 것에 대한
> 두려움을 버려야 한다.**"**
>
> — 조셉 칠턴

베스트best는 '최상의, 제일 좋은'이라는 의미를 가지고 있는 반면 유니크unique는 '유일무이한, 고유의'라는 의미를 가지고 있다. 베스트 지식창업자가 되기 위해서는 같은 분야에 있는 수많은 경쟁자를 물리치고 정상에 우뚝 서야 하지만, 유니크한 지식창업자는 그 자체로 유일무이한 특별한 존재가 된다. 바다에 사는 물고기로 바라보자면, 베스트 지식창업자는 수많은 물고기와의 경쟁을 이겨서 살아남는 물고기지만, 유니크한 지식창업자는 오직 나만의 바다에서 유유히 헤엄치는 물고기가 되는 것이다.

클레오파트라는 자신의 정치적인 야욕을 위해 로마 장군인 안토니우스를 유혹한다. 이를 위해 클레오파트라는 바닥에 46cm 두께로 장미

를 깔고 방 안을 온통 장미향으로 채운다. 장미 향기로 자신의 체취를 의식하도록 한 것이다. 그 후부터 안토니우스는 자신의 코끝에 장미향이 살짝이라도 스치면 클레오파트라가 떠올랐고, 클레오파트라의 마력에 점점 사로잡혔다. '장미향'을 생각하면 클레오파트라가 바로 떠오를 수 있도록 연상 작용을 바탕으로 안토니우스의 무의식에 접근해 그를 유혹한 것이다.

장미향이 클레오파트라를 연상시키는 것처럼 베스트가 아닌 유니크가 되기 위해서는 자신의 지인들의 머릿속에 'A가 필요하면 B에게 가야지'와 같은 공식을 구축해야 한다. '영어가 필요하면 장진우에게 가야지'라는 공식이 머릿속에 박히고 나면, 사람들은 '영어'를 직·간접적으로 듣고 떠올릴 때마다, '장진우'라는 사람을 떠올린다. '영어'라는 분야에서 나만의 유니크한 브랜드를 만드는 것이다.

유니크한 브랜드는 작게 쪼개면 쪼갤수록 효과적이다. 단순히 '영어'보다는 '수능 영어'라든지, '팝송 영어'라든지, '직장인을 위한 프레젠테이션 영어'와 같이 더 세분화된 분야로 들어갈수록 더 전문적인 지식을 인정받는다. 자동차에 대한 정보를 주는 지식창업자라면 단순히 '자동차'라는 분야를 이야기하는 것 보다, '슈퍼카' 그 중에서도 페라리, 람보르기니, 포르쉐'와 같은 고급 스포츠카 분야의 전문가가 되는 것이 특별함을 더한다.

어느 분야에서 자신이 바로 전문가라는 명확한 사실을 세상에 알리며, 다른 사람과의 차별점을 만들어 내는 것이 바로 퍼스널 브랜드의 힘이다. 퍼스널 브랜드는 유일무이한 유니크한 지식창업자가 되기 위한 가장 기본적인 도구이다. 퍼스널 브랜드가 갖춰지고 나면, 그가 추천하는 모든 것들이 유니크한 브랜드 상품으로 재탄생하는 것이다. 이때부터 다른 상품과의 경쟁은 의미가 사라진다. 성공적인 책 쓰기 지식창업자가 제시하는 '천재작가의 상상력 노트'는 기존의 어떤 다이어리와도 경쟁이 불가능하다. 그 자체가 유일무이한 제품이기 때문이다.

제대로 된 퍼스널 브랜드를 통해 나를 희소성과 가치가 있는 사람으로 알리고자 한다면 다음의 3가지가 필요하다.

- 자신의 신념을 정의할 수 있는 슬로건
- 자신을 한 마디로 표현하는 브랜드
- 시각적으로 표현하는 디자인

첫 번째는 자신의 신념을 정의할 수 있는 슬로건이다. 나는 '세움영어'를 운영하면서 '교육으로 세상을 바로 세우다'라는 슬로건을 내걸었다. 나는 어렸을 때 학원을 다니고, 고액 과외를 받고, 어학연수나 유학을 가서 영어를 배울 만큼 넉넉한 가정 형편이 되지 못했다. 그렇기 때문에 영어를 배우고 싶은 친구들의 마음을 잘 이해하고 있고, 수많은 시행착오를 겪으면서 영어를 공부했기 때문에 다른 학생들이 나와 같은 시행착오를 겪게 만들고 싶지 않았다.

영어학습 또한 오랫동안 쌓여온 노하우에 따라 체계적으로 배우면 실력이 효과적으로 상승한다. 하지만, 혼자서 영어를 공부하다 보면 수많은 시행착오가 많은 경우 난해한 문제 앞에서 '나는 영어에 자신이 없어.'라며 쉽게 포기하고 만다. 나는 이런 학생들을 위해서 내가 영어를 공부하며 알게 된 효과적인 영어학습 노하우를 한 눈에 보고 공부할 수 있도록 수능 영어영역《기출분석의 절대적 코드》를 무료 PDF 파일로 제작해서 우리나라 4대 영어 관련 카페에 배포했다. 현재 3,000개 이상 블로그 공유가 이루어진 상태다.

내 스토리가 곧 내 삶의 신념이 된다. '교육은 인간을 변화시키는 유일한 길이다. 지식은 누구에게나 열려 있어야 하며, 누구나 수준 높은 교육을 받을 권리가 있다.' 이는 내가 가진 교육에 대한 신념이다. 삶을 살아오면서 혹은 나만의 분야에서 지식과 경험을 쌓아오면서 형성되는 신념이 있다. 그것이 곧 나의 신념을 정의할 수 있는 슬로건이 된다. 나는 이것을 '교육으로 세상을 바로 세우다'라는 슬로건으로 표현했다.

두 번째는 자신을 한 마디로 표현할 수 있는 브랜드이다. 위에 제시한 것처럼 브랜드는 작게 쪼갤수록 더 특별하고 의미 있다. 유일무이하게 존재하는 유니크한 브랜드라는 목적에 더욱 부합하는 것이다. 나는 '영어 전문가'에서 조금 더 나아가 '오직 한국에서만 공부한 영어 교육 전문가'

로 브랜드를 만들었다. 한 번 더 작게 쪼갠다면, 토익, 토플, 텝스가 아닌 '수능'에서 전문성을 쌓은 수능 영어영역 전문가이다. 외국에서 오랫동안 공부한 사람들은 내 영어 실력을 보고 부족하다고 느낄 수도 있겠지만, 한국에서 어렵게 영어를 공부하고 있는 학생들에게 내가 가진 경험은 영어 공부에 큰 도움이 된다.

나는 이러한 신념을 바탕으로 영어 공부를 하는 학생들에게 내가 가진 모든 노하우를 알려준다. '아낌없이 나눠주는 것.' 이것이 나의 브랜드를 성장시키고 사람들에게 나를 알린 비결이자 노하우다. 사람들은 대체로 받는데 익숙하고, 주는데 인색하다. 하지만 생각을 전환시키면 기회가 보인다. 대부분의 사람들이 받는데 익숙하므로, 주는 사람이 되는 것은 나를 특별한 사람으로 만들어 주는 조건이 된다. 나의 영향력을 넓히고 새로운 기회를 만들어 내는 좋은 발판이 된다.

마지막은 시각적으로 표현하는 디자인이다. 내가 내세우는 슬로건과 브랜드가 아무리 훌륭해도, 시각적으로 브랜드를 표현하는 심벌이나 디자인이 맞지 않는다면 사람들은 그 브랜드의 의미를 제대로 깨닫지 못한다. 맨 처음에 눈에 보이는 것은 시각적인 디자인이기 때문이다. 디자인은 퍼스널 브랜드의 '꽃'이라고 할 수 있다. 나는 '로고'와 '프로필 사진' 그리고 '플랫폼의 배경 이미지' 이 세 가지가 가장 중요한 디자인이라고 생각한다. 다른 곳에 돈과 시간을 쓰는 것 보다는 이 세 가지에 집중하는 것이 퍼스널 브랜드를 성공적으로 완성하는데 도움이 된다.

이 세 가지가 균형 있게 만나면 제대로 잘 만들어진 퍼스널 브랜드가 탄생하며, 이는 강력한 힘을 발휘하게 된다. 이러한 퍼스널 브랜드를 토대로 나는 유니크한 존재가 된다. 사람들의 머릿속에서 'A하면 B에게 가야지'라는 공식이 자리 잡고, 누구에게나 공신력 있는 이야기를 건네는 성공적인 지식창업자가 되는 것이다. 유니크한 제품은 곧 유니크한 지식창업자로부터 나온다.

차별화를 이끄는 유일한 공식

> **"**철학은 브랜드가 추구해야 하는 가치와 그 가치를 이루어 나가는 방향성을 제시하는 명확한 기준이다.**"**
> — 엄정식

눈앞에 평범한 돌멩이 한 개가 놓여있다고 상상해보자. 아마 어떤 소유욕도 들지 않을 것이다. 그렇다면 그 돌멩이에 얽힌 이야기를 한번 들어보자.

"다윗은 이새의 여덟 명의 아들 중 막내로 태어났다. 그의 형들이 팔레스타인과의 전쟁에 나가 있을 때, 작은 소년이던 그는 고향에서 양을 치며 지냈다. 그 당시 팔레스타인 진영에는 골리앗이라는 어마어마한 거인 투사가 있었는데, 그는 청동 투구와 비늘 갑옷으로 무장하고 엄청난 크기의 창을 든 채 이스라엘군을 막무가내로 몰아붙이고 있었다. 다윗은 이스라엘군들이 골리앗에 벌벌 떨며 어쩔줄 몰라 하는 모습을 보고 자신이 직접 골리앗과 상대하기로 결심하였다.

전투에 나가기 바로 직전, 지휘를 하고 있던 이스라엘의 장군이 다윗에게 두툼한 갑옷과 단단한 투구, 큰 칼을 내주었다. 하지만 다윗은 자신에게 맞지 않는 무기 때문에 몸을 제대로 움직일 수 없을 것이라고 생각했다. 한 번도 사용해보지 않은 것들이 오히려 자신에게 방해가 될 수도 있을 것이라며 거절했다. 다윗은 두툼한 갑옷과 투구, 칼 대신 자신이 양을 칠 때 사용하던 막대기를 집어 들었고, 단단한 돌멩이 다섯 개를 골라 메고 있던 가방 주머니에 넣었다. 그리고 골리앗 앞으로 천천히 다가갔다.

골리앗의 위용은 대단했다. 하지만 다윗은 두려워하지 않았다. 다윗은 자신의 가방 주머니에서 돌멩이 하나를 꺼낸 후에 골리앗을 향해 돌팔매질을 했다. 돌멩이는 골리앗의 이마를 정통으로 맞추었다. 이 때문에 골리앗은 머리에 피를 흘리며 쓰러졌다. 다윗은 그 틈을 놓치지 않고 골리앗의 칼집에서 칼을 뽑아 그의 목을 쳤다.”

'다윗과 골리앗의 전투'로 불리는 이 이야기는 성경뿐만 아니라 아이들의 동화책에도 자주 등장한다. 세상에 돌멩이는 정말 많다. 하지만 다윗이 고른 '단단한 돌멩이 다섯 개', 그중에서도 골리앗의 이마를 명중시킨 돌멩이에는 '골리앗을 쓰러뜨린 돌멩이'라는 스토리가 생긴 것이다. 당신 앞에 놓여있는 돌멩이가 그 돌멩이라면 어떻겠는가. 갖고 싶다는 생각이 강하게 들것이다. 이는 스토리가 가진 힘이다. 세상에 아무리 많고

흔한 돌멩이가 있어도 이렇게 스토리가 있는 돌멩이는 흔치 않다. 사람들은 그 스토리에 열광하는 것이다. 스토리는 제품의 가격과 품질을 뛰어넘는 차별화된 매력을 갖도록 하는 비밀 열쇠와 같다. 한국 프로야구사에 길이 남을 이승엽의 55호 홈런 신기록 야구공은 홈쇼핑 경매에 출품되어 1억 2,500만 원에 팔렸다. 아무리 흔한 것이라도 스토리가 생기면 유일무이한 유니크한 제품이 되는 것이다.

지식창업자는 자신만의 브랜드 제품을 생산할 때, 그 안에 자신만의 스토리를 함께 담아야 한다. 성공적인 제품의 스토리에는 3가지 공통적인 요소가 담겨있다. 이러한 스토리는 실화에 근거를 둔 논픽션nonfiction이 될 수도 있고, 사실과 허구를 통합한 팩션faction, fact+fiction이 될 수도 있으며, 허구에 근거를 둔 픽션fiction이 될 수도 있다.

성공적인 브랜드 스토리의 3요소
- 어떻게 탄생하게 되었는가?
- 왜 필요한가?
- 한 마디로 요약하면?

첫 번째로 '제품이 어떻게 탄생하게 되었는가'에는 에피소드가 담긴다. 그 안에는 브랜드가 발전되어 온 역사brand history가 담길 수도 있고, 지식창업자의 치열한 노력의 과정story contents이 담길 수도 있다. 어떤 내용이 담기던 '진심'이 전달되는 것이 핵심이다. 예를 들어, 나는 책 쓰기에 관한 노하우를 지인들에게 알려주면서 '베스트셀러 작가의 상상력 노트'를 만들었는데, 이는 책 쓰기를 하는 과정 속에서 생긴 여러 가지 고민들을 기록하면서 탄생했다.

책을 쓰기 위해서는 필요한 것들이 몇 가지 있다. 첫 번째로 수많은 영감을 주는 사례와 글감이 필요하다. 책 쓰기는 한 두 사례로 끝나는 것이 아니라 평균적으로 40꼭지나 되는 소제목들에 들어갈 사례와 글감이 필요하기 때문이다. 두 번째는 이러한 사례를 구하고 제목과 목차에 대한 영감을 얻기 위해 경쟁도서와 참고도서를 분석하는 과정이 필요하다. 그 과정 속에서 책의 장점과 단점, 좋은 예시가 나오는 페이지 등을 적어놓기 위해서는 반으로 접힌 종이가 효과적이다. 세 번째는 '초고 선포 날짜'를 지정하고 그에 따라 책을 쓰는 것이다. 그렇지 않으면 자꾸만 책 쓰기를 뒤로 미루게 되어 결국 채 마치지 못하고 흐지부지된 채로 책 쓰기를 포기하고 만다. 그래서 초고 선포 날짜에 맞춘 계획표가 중요하다.

그런데 이 세 가지를 동시에 만족시키는 노트가 없었다. 나는 이러한 노트를 만들면 책 쓰기를 하는데 굉장히 큰 도움이 될 것이라는 판단이 들었다. 다른 사람은 몰라도 내가 쓰기에는 굉장히 편리할 것이라는 생각이 들었다. 나는 A4 용지 크기의 종이를 반으로 접힌 것처럼 점선으로 디자인해서 100페이지 정도의 두툼한 노트를 만들었다. 각 종이의 상단에는 풍부하고 탁월한 영감을 제공하는 사례와 글감을 배치했다. 마지막으로는 책 쓰기 계획을 세울 수 있는 스케줄 표와 함께 책 쓰기에 관한 수많은 실전적인 노하우도 함께 정리해서 넣어 두었다. '베스트셀러 작가의 상상력 노트'는 이와 같은 과정을 거쳐 탄생하게 되었다.

이와 같이 탄생 스토리가 완성되었다면, 두 번째는 '왜 필요한가?'에 대한 대답을 줄 차례다. 이는 사용해본 사람들이 다른 사람들에게 전할 수 있는 이야깃거리를 제공한다. 여기에는 소비자의 실제 브랜드 경험consumer brand history를 담는 것이다. 예를 들어, '베스트셀러 작가의 상상력 노트'는 실제 사용해본 나의 경험을 담아도 되고, 다른 사람들의 경험을 담아도 된다.'책 한권을 끝까지 포기하지 않고 쓰는데 큰 도움이 되었다'던지, '마지막에 출판사에 보내기 전에 실수할 뻔했던 것을 노트에 정리된 노하우 덕분에 위기를 모면했다'와 같은 실제적인 경험들이 이에 해당한다.

세 번째로 '그래서 한마디로 요약하면 뭔데?' 라는 질문에 답할 수 있어야 한다. 사람들은 긴 이야기를 완전히 기억하지 못한다. 단편적인 한 마디 말로부터 전체를 다시 기억해내는 과정을 거친다. 그때 전체적인 내용을 기억하는데 도움이 되는 것이 한 마디로 요약된 말이다. 이는 '베스트 셀러 작가의 상상력 노트'라는 제품의 제목이 될 수도 있고, '책 쓰기에 필요한 단 한권의 다이어리'와 같이 사람들의 머릿속에 강렬하게 남을 한 마디 말이 될 수도 있다. 핵심은 사람들의 기억 속에 남아있도록 매력적으로 만드는 것이다.

이처럼 제품의 차별화를 이끄는 유일한 공식은 '스토리'에 있다. '스토리'가 가진 마력은 엄청나다. 평범해 보이던 것도 스토리를 들으면 단숨에 특별한 것으로 느껴지기 때문이다. 결국 스토리를 지배하는 사람이 브랜드를 지배한다.

창의성에 욕망을 더하라

"다르게 생각하라.**"**
— 스티브 잡스

세상의 모든 상식에 도전하는 것은 새로운 아이디어를 생각해내는 좋은 방법이다. 론니슈즈lonely shoes 외로운 신발는 이러한 상식에 도전했다. 신발은 원래 두 짝인데 이 상식을 깨고 세 짝으로 구성된 신발을 만든 것이다. 오른쪽 신발이 한 짝 더 있는데, 원래 두 짝과는 디자인이 달라서 짝짝이 디자인으로 신을 수 있는 독특한 플랫슈즈이다. 계절이 바뀔 때마다 옷이 가득한 옷장을 보며 '입을 옷이 없다'라고 말하는 여자들과 구두로 가득한 신발장을 보며 '마땅하게 신을 신발이 없다'고 푸념하는 여자들의 심리를 파악하여 만든 것이다. 론니슈즈는 이처럼 신발은 두 쪽이 기본이라는 고정관념을 세 짝 신발로 여성들의 마음을 사로잡았다.

론니슈즈뿐만 아니라, 귀걸이도 두 개가 아닌 세 개를 묶어서 서로 다른 디자인으로 판매하기도 한다. 이는 모두 기존의 상식을 깨고 창의성을 통해 성공을 이끌어낸 사례이다. 하지만 아무리 창의적인 제품이라도 사람들의 욕망을 자극하지 못하면 사람들의 머릿속에서 잊히고 만다.

만약 론니슈즈의 이름이 '세 짝 신발'이었다면 사람들의 관심을 끌지 못했을 것이다. 론니슈즈는 이름에서부터 사람들의 궁금증과 호기심을 자극한다. 또한 론니슈즈가 40, 50대 남성을 대상으로 출시되었다면, 실패로 끝났을 것이다. 대부분의 40, 50대 남성들은 신발이 가득한 신발장을 보면서 '신을 신발이 없다'고 푸념하지 않기 때문이다.

이를 통해 두 가지를 배울 수 있다. 첫 번째는 창의적인 아이디어를 떠올리는 탁월한 방법은 세상의 모든 상식에 도전하는 것이라는 사실이다. 이는 다양한 방식으로 시도될 수 있다. '물로 샤워를 해야 하는가'에서부터 '조화에서는 향기가 나면 안 되는가'에 이르기까지 다양한 상식이 깨질 수 있다.

'물로 샤워를 해야 하는가'라는 의문을 가지고 있던 사람은 실제로 물이 없어서 씻지 못하는 제삼세계 사람들을 위해 물이 없어도 씻을 수 있는 제품을 만들었다. '조화에서는 향기가 나면 안 되는가'와 같은 물음을 통해 조화에서도 생화처럼 향기가 나는 꽃을 만들어서 파는 사람들도 생겨나기 시작했다.

창의성은 이뿐만 아니라 기존의 것들을 조합해서 새롭게 재탄생시킴으로써 나타날 수도 있다. 예를 들어, 유니콘unicorn은 기존에 존재하는 동물들의 특징들을 적절하게 조합하여 상상해 낸 동물이다. 하얀 말의 몸통에 코뿔소의 뿔이 달린 상상 속의 말인 것이다. 성공적인 지식창업자의 브랜드 제품은 이와 같이 기존의 상식에 도전한 창의적인 제품이 될 수도 있지만, '베스트셀러 작가의 상상력 노트'와 같이 필요성이 느껴지는 사항들을 모아서 기존에 존재하지 않던 한 권의 노트로 새롭게 재탄생 시킨 제품이 될 수도 있다.

　　두 번째는 아무리 뛰어난 창의성을 발휘한 제품이라도 사람들의 욕망을 자극하지 못하면 외면받는다는 사실이다. 스토리를 제외하고 사람들의 욕망을 자극하는 방법은 두 가지이다. 그중 하나는 매력적인 이름을 짓는 일이다. 론니슈즈가 '세 짝 신발'이 아니라 사람들의 호기심과 궁금증을 자극하는 이름을 지은 것처럼, 지식창업자가 만드는 제품에도 사람들의 욕망을 자극할 수 있는 이름을 지어야 한다.

　　나는 주로 책에서 아이디어를 많이 얻는다. 국내에도 널리 알려진 베스트셀러 《TED TALK 테드 토크》를 보면 다음과 같은 말이 나온다.
　　'…강연 날에는 보는 이들의 열정에 기름을 붓는 말로 강연을 시작했다.' 이러한 문구를 보고 '열정의 기름 붓기'와 같은 멋진 이름이 탄생할 수 있다. 또한 '강연 영상은 순식간에 100만 뷰를 넘어섰다.'라는 문구를 보고 '순식간에 100만 뷰 만들기'와 같은 이름을 지을 수도 있다. 유튜브 영상을 통해서도 아이디어를 얻을 수 있고, 신문이나 잡지, 친구들의 이야기 속에서 아이디어를 얻을 수도 있다. 우리가 관심을 기울이면 일상이 매력적인 아이디어로 넘쳐난다.

　사람들의 욕망을 자극하는 나머지 하나는 정확한 타깃층의 요구에 맞춘 제품을 만드는 것이다. 론니슈즈가 주로 20, 30대 여성들을 타깃으로 했던 것처럼, 지식창업자는 자신의 분야에서 해당하는 타깃층들이 어떤 제품을 필요로 할지 고민해야 한다. 나는 '영어' 분야에서도 '수능 영어' 전문가로 퍼스널 브랜딩을 했다. 그러므로 대부분의 타깃층은 고등학생이다. 이들에게 필요할 수 있는 제품은 다양하다. 여학생들은 손쉽게 가방이나 파우치에 넣어 들고 다닐 수 있는 '카드 거울'이나 '손거울'이 요긴하게 사용될 수 있다. 공부할 때 쉽게 메모할 수 있는 포스트잇이나 효과적으로 필기할 수 있는 노트나 다이어리도 유용하다. 수업 시간에 물을 마실 수 있는 텀블러나 필기할 때 필요한 펜이나 형광펜도 효과적이다. 내가 만약 명함을 들고 다닐 수 있는 카드지갑을 제작했다면, 어떤 것도 학생들의 욕망을 자극하지 못했을 것이다.

　이처럼 창의성에 욕망을 더하는 순간 그 제품은 당신의 브랜드에 날개를 달아준다. 성공적인 지식창업자들의 제품은 창의성에 욕망을 덧입혔다. 성공적인 브랜드 제품을 만들기 위해서 반드시 잊지 말아야 할 사항인 것이다.

새로운 도전을 위한 커다란 발견

❝누군가와 공감할 때, 사람과 사람과의 관계는 보다 깊어져 갈 수 있다.**❞**
— 오쇼 라즈니쉬

나만의 브랜드는 내 이름으로부터 시작한다. 내 이름 세 글자가 브랜드의 시작이다. 기업에서 제품을 마케팅하는데 사용하는 방법과 똑같은 원리가 나 자신을 마케팅하고 브랜딩 하는데 사용될 수 있다. 그래서 나 자신을 마케팅하고 브랜딩하기 위해서는 기업이 어떻게 마케팅하고 브랜딩 하는지에 대해 알아야 한다.

기업에서 하는 마케팅과 브랜딩의 핵심은 고객의 감성에 공감하는 것이다. '감성 마케팅'의 핵심은 공감에 있다. 공감을 표현하는 영어 단어 Empathy에서 em은 'into'의 의미로 안으로 들어간다는 의미를 담고 있다. pathy는 감정을 의미한다. 그래서 공감이란 타인의 감정 속으로 들어가서 그와 같은 감정을 느낀다는 어원을 가지고 있다. 하지만 이는 사실상 굉장히 어려운 일이다.

베스트셀러 《화성에서 온 남자 금성에서 온 여자》를 보면, 공감이 얼마나 어려운 일인지 이해할 수 있다.

남성은 고민을 토로하는 여성의 문제를 해결해주려고 하는 반면, 여성은 이해와 공감을 구한다. 남성은 직장 상사에게 혼났다는 얘기를 꺼내는 여자친구에게 '너의 A라는 점이 문제야'라고 얘기한다. 그것만 해결하면 너는 더 훌륭한 직장 생활을 할 수 있다고 조언하는 것도 잊지 않는다. 반면에 여자들이 원하는 것은 자신을 혼낸 직장 상사를 함께 욕하며 스트레스를 풀기를 원한다.

남자는 여자로부터 '당신은 언제나 내 문제를 참 잘 해결해줘요.'라는 칭찬을 바라지만 여자가 진짜 원하는 것은 문제 해결이 아니라 이해받고 공감받는 것이기 때문이다. '화났었는데 당신에게 얘기하고 나니까 다 풀리네. 우리 맛있는 거 먹으러 갈까?'라는 대답을 여자에게 들었다면, 제대로 된 이해와 공감을 해준 것이다.

효과적인 브랜딩을 하기 위해서는 타깃층의 코드를 맞추고 공감하는 일이 필요하다. 타깃층이 이해와 공감을 바랐는데, 해결책을 제시하는 것은 아무런 의미가 없다. 마찬가지로 타깃층이 해결책을 바라는데 이해와 공감을 해주는 것도 큰 의미가 없다. 타깃층이 진정으로 바라는 바에 대해서 공감할 수 있어야 그들이 원하는 바를 내어줄 수 있다. 이것이 제대로 된 마케팅과 브랜딩의 시작점이다.

유럽의 SAS 항공사는 얀 칼슨JAN CARLZON 이라는 사람이 사장으로 부임하기 전까지 적자를 면하지 못하고 있었다. 얀 칼슨은 취임한 지 1년 만에 회사를 900억이 넘는 흑자 기업으로 탈바꿈시켰다. 그는 자신의 경험을 담아 《진실의 순간》이라는 책을 썼는데 여기서 진실의 순간이란, 고객이 직접 회사의 실무적인 일을 하는 직원을 만났을 때를 의미한다. 아무리 광고나 홍보를 통해서 마케팅을 잘해도, 고객과 직접 소통하는 직원이 진실의 순간에 진정으로 소통하고 공감하는 능력이 없다면 큰 효과가 없다.

공감은 고객과 지속적인 관계를 맺으며, 나를 브랜드로 앞세우는 지식창업자들에게 매우 중요하다. 사람들은 특별한 자신을 생각한다. 온 세상을 넘어서 우주에서 오직 단 한 사람이 존재하는 것처럼 상대방의 말에 경청해주고, 이해해주고, 공감해주는 것은 내가 어떤 새로운 도전을 하더라도 내 곁에 남아있을 사람들을 만들어준다. 그러므로 '공감'이란 수많은 성공한 사람들이 찾아낸 가장 큰 심리학적 발견이다.

Chapter **08**.

강력한
인적 네트워크를
구성하라

1%가 99%를 이긴다

"늘 갈망하며, 우직하게 나아가라(Stay Hungry, Stay Foolish).**"**
— 스티브 잡스

나라는 존재는 사람을 끌어당기는 거대한 자석과 같다. 인적 네트워크는 자석 주위로 형성된 거대한 자기장이다. 내가 어떤 '생각'과 '가치관'을 가졌는가에 따라 끌어당겨지는 사람들이 결정된다. 그러므로 나는 8장 전체에 걸쳐서 성공적인 지식창업자들이 가진 '생각'의 비밀을 파헤칠 것이다. 이것이 곧 성공을 위한 강력한 인적 네트워크를 만드는 바탕이 되기 때문이다. 당신이 만들어낸 인적 네트워크는 당신을 성공의 길로 이끌 수도 있고, 실패의 길로 이끌 수도 있다.

이 얘기를 진행하기에 앞서 우리는 한 가지 사실을 이해해야 한다. '우리는 생각하는 모든 것을 끌어당긴다.'는 사실이다. 만약 당신이 여자를 좋아하는 사람이라면, 당신 주위에는 여자 얘기를 좋아하는 사람들로 가득 차 있을 것이다. 무의식적으로 그런 얘기를 하는 사람들에게 더 끌리기 때문이다. 돈을 좋아하는 사람이라면, 주위에 '돈'과 '성공'에 대해 이야기하는 사람들로 가득 차 있을 것이다. 만약 혼자 있기를 좋아하는 사람이라면, 주위에 어떤 친구도 함께하지 않을 것이다.

이는 굉장히 중요한 사실이다. '좋아한다.'는 것은 그것을 '지속적으로 생각한다.'는 뜻이다. 당신은 당신이 좋아하는 것들을 계속해서 자신의 삶에 끌어당기고 있다. 의식적으로 만나는 사람의 80% 이상이 삶에 대해 불평하고, 불만을 갖고, 남을 비난하기를 좋아한다면, 당신도 불평, 불만을 습관처럼 하는 사람일 확률이 높다. 자신의 일을 싫어하는 사람들과 함께 지낸다면, 당신 역시 자신의 일을 싫어하는 사람일 가능성이 높다. 반대로, 도전하기를 좋아하고 열정적인 사람이라면 주변 사람들 대부분이 새로운 일에 도전하고 있을 가능성이 높다. 계속해서 나와 비슷한 것들을 끌어당기기 때문이다.

성공한 지식창업자들은 도전하기를 좋아한다. 매사에 열정이 넘친다. 이는 자신이 만들어 놓은 플랫폼을 통해서 매일 새로운 사람들에게 알려진다. 책과 언론을 통해 알려지는 경우도 있고, 만나는 사람들의 입을 통해 다른 사람들에게 전달되기도 한다. 이는 비슷한 사람들을 끌어당긴다. 내 책을 읽고 감명을 받아서 연락한 사람들은 대부분 탐구의식이 강하고, 열정이 넘친다. 누군가에게 연락하는 것을 주저하지 않는 용기도 가지고 있다. 나만의 플랫폼을 통해 연락해 오는 사람들도 마찬가지다.

가끔은 긍정적인 사람 곁에 부정적인 사람들이 함께하기도 한다. 긍정적인 사람으로 변화하고 싶어서 곁에 남아있는 것이라면 상관없지만, 긍정을 죽이는 부정이라면 냉철하게 이런 사람들에게서 등을 돌리는 결단이 필요하다.

인간의 마음속에는 부정을 먹고 사는 검은 늑대와 긍정을 먹고 사는 흰 양이 있다. 부정적인 생각은 단 1%만으로도 99%의 흰 양들을 죽일 수 있다. 흰 바탕의 물감 위에 검은 물감이 약간만 더해져도 전체가 검정색으로 변하는 것과 같은 원리이다. 그렇기에 단 1%의 부정도 내 곁에 남아 있게 해서는 안 된다.

사회생활을 하면서 부정적인 말을 하는 사람들을 피할 수는 없다. 모든 현상을 부정적인 시각으로 보는 사람들은 스스로 충분하다고 생각하지 않기 때문에 더욱 강하게 부정하고, 자신의 부족한 점을 감춘다. 그러므로 이런 사람들에게 관심을 기울이는 것은 시간 낭비에 가깝다. 다른 사람의 비난과 부정적인 언사에 의지가 약해져서는 안 된다. 그럴수록 나는 더 비범하고, 탁월하게 세상에 이름을 알리기 위해 모든 순간을 사용하도록 창조된 존재라고 다짐해야 한다.

성공적인 지식창업자들은 새로운 세계를 생각하고, 창조하는 힘을 가지고 있다. 기존의 지식을 쌓아올려서 더 나은 지식으로 발전시키고, 그것들을 쉬운 언어로 풀어서 많은 사람들에게 유익함을 전달하는 지식 전문가인 것이다. 이를 이루기 위해서는 책을 읽는 것부터 시작해서 많은 사람들을 인터뷰하고, 책을 쓰고 강연을 하며 나만의 플랫폼을 세워야 한다. 이는 모두 새로운 도전을 의미한다. 그러나 대부분의 사람들은 변화를 두려워한다. 새로운 도전을 하는 것을 두려워하고, 쉽게 첫 발을 떼지 못한다. 그래서 도전에 대해 불가능이라는 못을 박는다. 이때 그의 꿈을 이루는데 힘이 되는 것은 같은 생각으로 같은 꿈을 꾸는 1%의 사람들이다.

새로운 도전을 하기 위해서는 당신의 꿈에 역풍으로 작용하는 사람들로부터 멀어져야 한다. '올해 반드시 내 이름이 새겨진 책을 쓰겠어!'라는 목표를 세워두고, 매일 집필을 위해 골몰하고 있는 사람이 '너 따위가 무슨 책이냐', '헛된 꿈 꾸지 말고 일이나 열심히 해라'라는 말을 하는 사람들과 어울린다면, 당신은 절대 목표를 이룰 수 없다. 단 한 명의 사람이라도 '너는 할 수 있어'라고 응원해준다면, 그 사람과 함께 뛸 때 당신의 꿈과 목표는 현실이 된다.

사람들은 대부분 비슷한 사람들끼리 만나고 친해진다. 유유상종인 것이다. 같은 논리로, 꿈을 찾아 도전하는 사람들은 현실에 안주하고 있는 사람들과 함께 어울리기 힘들다. 매 순간 열정을 다해서 도전하는 사람들과 현실에 안주하며 살아가고 있는 사람들은 관심사부터 다르기 때문이다.

만나면 매일 사회를 비판하고, 일터를 불평하고, 사람에 불만을 갖는 사람들과 어울리기 시작하면 끌어당김의 법칙에 따라 내 삶에는 부정적인 에너지가 들어오기 시작한다. 부정은 부정을 끌어당기고, 긍정은 긍정을 끌어당긴다. 부정이 들어오기 시작하면, 마음속에 사는 부정의 검은 늑대들은 긍정의 흰 늑대들을 모조리 잡아먹는다. 단 1%라도 부정적인 마음이 들지 않도록 하기 위해서는 긍정적인 생각을 하며 살아가는 사람들과 함께 어울려야 한다.

나는 친구들과 술자리를 즐기지 않는다. 정확히 말하면, 자신의 삶에 대해 불평하고, 회사에 대해 불만을 토로하고, 만나는 사람에 대해 인신 모욕에 가까운 얘기들을 토로하는 모임에는 나가지 않는다. 이런 얘기들은 내 삶을 부정으로 물들인다. 나는 소중한 시간을 불만, 불평, 비난을 듣고 말하는데 사용하고 싶지 않다. 오직 내 삶에 긍정만을 끌어당기며 지내기에도 시간은 부족하고, 하고 싶은 일은 넘치고, 만나고 싶은 사람도 많다.

"긍정의 유일한 비밀은 감사하는 마음이다."

내 삶에 나타나는 모든 것에 감사하는 마음을 갖기 시작하는 순간부터 삶이 변하기 시작했다. 세상을 보는 관점이 완전히 달라지는 경험을 했다. 가지지 못한 것 대신에 내가 이미 가지고 있는 것들에 초점을 맞춤으로써 더 좋은 에너지를 만들어낼 수 있다. 이렇듯 삶에 감사하는 것은 나의 일상과 삶을 바꿀 수 있는 가장 쉽고 빠르며 강력한 방법이다.

나와 함께하는 사람들은 모든 일을 감사하게 해석하는데 타고난 재능을 가지고 있다. 아무리 힘든 일이 있어도 '나를 더욱 성장시켜주기 위한 발판을 마련해 주셔서 감사하다'고 여긴다. 나를 힘들게 하는 사람이 있다면 '내가 가진 인식의 폭을 넓힐 수 있게 해주셔서 감사하다'고 여긴다. 어떤 도전을 하던지 '할 수 있다'고 응원해준다. 진정으로 자신의 삶에 감사하기 때문이다. 성공적인 지식창업자로 나아가기 위해서는 자신의 곁에 1%의 '감사할 줄 아는 사람'이 필요하다. 당신의 꿈에 역풍으로 작용하는 99%의 사람들로부터 등을 돌릴 수 있어야 한다.

살아남으려면 나를 증명하라

> **"먼저 그대가 무엇이 되려는지 스스로 말하라.
> 그런 다음 그대가 해야 할 일을 행하라."**
>
> — 에픽테토스

'어떻게 하면 내가 가진 무한한 가능성과 잠재력을 지금까지 보다 더욱 강하게 발현할 수 있을까?'

나는 매번 성장의 한계에 부딪힐 때마다 스스로 나 자신에게 이런 질문을 던진다. 경험해 보지 않은 실행의 다음 단계로 넘어갈 때 이런 고민은 더욱 깊어진다. 이런 순간마다 나는 내가 하고 있는 일, 내가 살고 있는 도시, 내가 만나고 있는 사람들에서 벗어나 나를 더 크게 만들 수 있는 분야와 공간으로 떠난다. 가끔 반드시 선택해야 할 결정이 두렵기도 하지만, 두려움은 안정된 현실에 안주하라며 나를 꼼짝 못 하게 묶을 것이고, 내가 추구하는 꿈을 향한 진로를 막아설 것이라는 사실을 지금까지의 경험으로 잘 알고 있기 때문이다.

이렇게 의식적으로 대담하게 행동하는 것은 내가 인식하고 있는 한계에 도전하고, 가장 위대한 비전을 향해 나아갈 수 있는 유일한 방법이기 때문이다. 이러한 삶은 나 스스로를 세상에 증명하는 가장 강력한 방식이 된다. 이것이 내가 한 번씩, 두 번씩 두려움을 이겨가면서 배운 궁극적인 교훈이다. 이는 최고의 삶을 향해 계속 나아간다는 것의 진정한 의미이다.

세계적인 지도자로 존경받았던 사람들은 아직 볼 수도 만질 수도 없는 미래를 확신하는 자존감을 가지고 있었다. 새로운 세계를 창조하기 위해서는 새로운 일이 실현될 것이라는 사실을 믿고 이를 행동으로 옮겨야 한다. 하지만 그 길은 수많은 사람들로부터 역풍을 불러일으킨다. 특히, 부모, 형제, 친구 등 가까운 사람들의 염려와 걱정은 의지를 꺾기에 충분하다.

라디오와 텔레비전을 탄생시킨 마르코니는 눈에 보이지 않는 전파의 힘을 이용하는 것이 꿈이었다. 그가 자신의 꿈을 친구들에게 말하자 친구들은 다음과 같이 이야기했다.

"보이지도 않는 전파를 이용하는 건 불가능해."
"너는 돌았어."
"시간 낭비야."
"멍청하긴."

그러나 결국 그는 눈에 보이지도 않는 전파를 이용해서 라디오와 텔레비전을 탄생시켰다. 그가 자신의 삶을 통해 꿈을 증명해 보이고 나자 주변 사람들이 그를 인정하기 시작했다.

수많은 지식창업자들도 처음에는 이런 고난을 겪었다. 내가 맨 처음에 자신만의 특별한 지식과 경험을 통해 돈을 버는 '지식 창업'이라는 분야를 새롭게 개척하면서 들었던 말도 이와 같았다. 혼자 일해서 커다란 수익을 창출하는 것은 불가능하다는 논리였다.

사람들은 좋은 인맥을 얻고 싶어 한다. 연애할 때에는 서로의 장단점을 재고, 친구들과 만날 때면, 사귀는 커플 중에 누가 더 손해인지 이야기를 나눈다. 결혼할 때에는 '이 사람이 나에게 무엇을 해줄 수 있는가'를 고민한다. 좋은 스펙을 가진 사람들이 모인 자리라면 빠지지 않고 참석하고, 친구들과의 술자리를 주도해 나간다. 하지만 이렇게 해서는 좋은 사람들이 곁에 남기 힘들다.

좋은 인맥이란, 상호 간의 이해와 존중, 강한 신뢰가 바탕이 될 때 생긴다. 또한 내 삶을 통해 나를 증명하고 내가 원하는 바를 이루었을 때, 내가 바라는 사람들이 주변에 모이기 시작하는 것이다. 더 좋은 사람들과 함께하고 싶다면, 내가 먼저 좋은 사람이 되어야 한다. 줌으로써 비로소 받을 수 있다. 그렇기에 give and take에서 '주다'라는 의미의 'give'가 '받다'라는 의미의 'take'보다 앞에 놓이는 것이다. 나를 높여주는 사람을 만나길 원한다면, 내가 상대방을 높여줄 수 있는 인성을 가지고 있어야 한다. 나를 사랑해주는 사람을 만나길 원한다면, 내가 사랑할 수 있는 포용력과 넓은 마음을 가지고 있어야 한다.

'이 사람이 나를 위해 무엇을 해줄 수 있을까'를 고민하기 전에 '내가 이 사람을 위해 무엇을 해줄 수 있을까'를 생각할 수 있는 사람이 진정으로 좋은 사람들과 함께할 수 있다. 좋은 스펙을 가진 사람들이 모인 자리를 가기 전에 내가 그 사람들과 어울릴 만한 사람인지 먼저 생각해야 한다. 준비하는 기간이 필요한 것이다. 기회는 준비된 자에게 온다.

내가 올바른 길을 갈 때, 사람들은 모이기 시작한다. 내 가치관이 명확하고, 분야가 뚜렷하고, 지속적으로 성장해나가고 있는 사람일 때 비로소 사람들은 내 곁에 모이기 시작하는 것이다. 반대로 말하면, 내가 바른 길을 가지 못할 때 사람들은 떠나가기 쉽다. 나는 이런 경험을 여러 차례 겪었다.

사업을 하다 보면 잘될 때도 있고, 안될 때도 있다. 잘될 때는 많은 사람들이 곁에 몰린다. 함께 사업을 제안하거나, 미팅을 요청하거나, 흥미로운 기회들을 가지고 온다. 하지만 사업이 안 될 때에는 많은 사람들이 떠나가 버린다. 유튜브 영상 촬영을 거의 마무리 지었던 영상 팀이 갑자기 계약을 취소하고 연락을 안 받는 일이 발생한다던지, 매일 즐겁게 성공을 이야기하던 사람들이 하나둘씩 연락이 뜸해지기 시작하는 것이다.

이런 과정을 반복적으로 겪다 보면, 남는 사람들이 생긴다. 빛과 어둠을 함께 하며 내 곁에 남아준 사람들이 평생을 함께 갈 수 있는 동반자라는 확신이 든다. 온 삶을 통해 나를 증명할 때, 세상은 나를 알아주기 마련이다. 그렇다면 어떻게 내 삶을 증명할 것인가.

"인생 = 자유 시간 + 노동시간"

인생은 자유시간과 노동시간으로 나눠져 있다. 자유시간은 말 그대로 아무런 제약 없이 자유롭게 쓸 수 있는 시간이다. 여자 친구와 데이트를 할 수도 있고, 컴퓨터 게임을 하거나, 잠을 자고, 맘껏 TV를 보며 노는 시간이다. 대부분의 사람들의 자유시간은 주말이나 평일 저녁 시간에 집중된다. 반면에 노동시간은 돈을 벌기 위해 쓰는 시간을 의미한다. 아침에 일어나서 샤워를 하고, 회사에 출근하기 위해 옷을 갈아입고, 아침을 먹고, 지하철을 탄다. 그리고 회사에서 10시간이 넘게 일을 한다. 이렇게 쓰는 시간이 노동 시간이다.

대부분의 사람들은 7일 중에서 5일은 노동시간으로 사용하고, 나머지 2일은 자유 시간으로 사용한다. 통계적으로 80%가 넘는 사람들이 자신의 일이 자기와 맞지 않다고 이야기하는 것을 감안할 때, 대부분의 사람들이 2일의 자유를 얻기 위해 5일 동안 원하지 않는 노동을 하고 있다. 이는 굉장한 시간 낭비이다. 오로지 돈을 벌기 위해서 자신의 인생의 수많은 시간을 낭비하고 있는 것이다. 많은 사람들이 이렇게 자신의 자유를 팔아서 돈을 번다.

자신의 삶을 증명하기 위해서는 5일의 노동시간과 2일의 자유시간이라는 공식을 깨버려야 한다. 인생의 일정 기간은 자신의 능력과 에너지를 최고도로 투입하는 시간이 필요하다. 집중적인 노력이 나를 성장시키고 발전시킨다. 그저 그런 노력으로는 그저 그런 삶을 살아가게 된다. 뜨겁게 불태운 시간이 있어야 물이 끓기 시작한다. 미지근한 물로는 100년을 가도 그 물은 절대 끓지 않는다.

성공한 지식창업자들은 대부분 인생의 특정한 기간 동안 전폭적인 노력을 기울여서 자신을 성장시켰다. 그리고 그 후에는 쌓아 둔 노하우를 발전시켜 가면서 활용하고 적용하는 삶을 살아가면 되는 것이다. 비행기는 처음 이륙할 때, 연료의 절반을 쓴다. 한 번 높은 상공에 올라가고 나면 목표 지점까지 높이를 유지하고 앞으로 이동하는데 나머지 연료의 절반을 사용한다.

나는 지난 3년간 거의 쉬는 날 없이 일을 하고, 분기마다 일주일씩 여행을 떠났다. 일주일을 쉬는 날이 0인 7:0의 비율로 일을 했다. 하지만 이 비율은 시간이 지날수록 점차 역전되기 시작한다. 지식창업자로서의 삶을 시작한 지 4년 차가 되는 해에 처음으로 일주일 중에 하루를 쉬는 삶을 살았다. 일하는 시간과 자유 시간이 6:1의 비율이 된 것이다. 지금은 4일을 일하고, 3일을 쉰다. 4:3의 비율로 전환이 된 것이다. 그럼에도 불구하고 버는 돈은 더 많아졌다. 나중에는 하루를 일하고 6일을 쉬는 1:6의 비율로 완전히 뒤집힐 것이다.

많은 지식창업자 중에서 몇 달, 혹은 몇 년을 해외에서 휴양하고, 여행하며 일과 동떨어진 삶을 살아도 삶의 풍족함에는 변함이 없다. 그것은 끊임없이 솟아나는 깊은 샘처럼 자신의 수익구조를 시스템화한 것이다. 하지만 사람들은 그의 자유 시간만 보고 그러한 시간을 만들기까지의 열정과 노력은 못 보는 것이다.

내 모든 노력과 에너지를 쏟아부어서 내 삶을 증명할 때 사람들은 내 곁에 모인다. 아무나 모이는 것이 아니라, 나와 같이 자신의 삶에 모든 열정과 에너지를 쏟아붓는 사람들이 모이기 시작한다. 지금도 나의 삶은 '열정에 기름 붓기'가 계속되고 있다.

잊어버릴 것과 기억할 것

"교육은 학교에서 배운 것을 모두 잊어버린 후에도 남는 것이다.**"**
— 앨버트 아인슈타인

돈에 대해 어떻게 생각하는가. 당신이 돈에 대해 어떻게 생각하느냐에 따라 당신 주변에 있는 사람들의 모습이 결정된다. 만약 주식을 통해 돈을 벌 수 있다고 믿는 사람이라면, 당신 주변에는 주식에 대한 정보를 공유하는 사람들로 넘쳐날 것이다. 꾸준한 저축을 통해 돈을 벌 수 있다고 믿는다면, 당신 주변에는 성실하게 돈을 벌며 살아가는 사람들이 함께할 것이다. 중요한 것은 돈에 대한 나의 생각이 이 모든 것을 결정짓는다는 사실이다.

많은 사람들이 "돈으로 행복을 살 수는 없다."고 생각한다. 놀랍게도 많은 사람들은 돈을 벌면 벌수록 자유를 잃는 상황에 빠진다. 어떻게 이런 역설적인 상황이 벌어지는가. 사람들은 돈을 더 많이 벌수록, 그에 따른 소비를 한다. 연봉 1억이 넘으면 벤츠를 타야 하고, 좋은 집에 살아야 하고, 명품 옷과 가방을 들어야 하며, 고급 레스토랑에서 외식을 해야 한다는 생각에 빠져 산다. 이러한 라이프 스타일이 습관이 되면, 어느 순간부터는 이 삶을 유지하기 위해 일을 한다. 한번 굳어진 라이프 스타일은 좀처럼 변하지 않는다. 작은 집에 살다가 큰 집에 사는 것은 쉽지만, 큰 집에 살다가 갑자기 작은 집에 사는 것은 어려운 것처럼 올라가기는 쉽지만 내려가기는 어려운 것이 라이프 스타일이다.

더 높은 수입은 화려한 라이프 스타일을 낳고, 라이프 스타일을 유지하기 위해 더 많은 일을 한다. 이 사이클이 움직이기 시작하면, 좀처럼 빠져나오기 힘들다. 그렇기에 사실상 많은 부자들과 고소득자들이 불행을 겪고 있지만, 그들의 불행은 돈 때문이 아니다. 그들은 자유를 잃었기 때문에 불행하다. 주체가 뒤바뀐 것이다. 그들이 돈을 이끌어가는 것이 아니라, 그들이 돈에 이끌려 다닌다. 일과 회식에 파묻혀 사느라 좀처럼 집에도 들어가지 못하는 검사나 변호사보다 낮에는 농사를 짓고 밤에는 가족과 즐거운 시간을 보내는 네팔의 한 농부가 더 행복할 가능성이 높다.

이처럼 더 많은 돈이 오히려 자유를 잃게 만들 때, "돈으로 행복을 살 수 없다."는 말은 공감을 불러일으킨다. 하지만 이는 돈에 대한 잘못된 인식이 불러온 오해이다. 중국에는 '가난이 문으로 들어오면 사랑이 창문으로 달아난다.'라는 속담이 있다. 가난이 사랑을 내쫓는다는 의미이다. 이는 통계적으로도 증명이 되었는데, 크레이튼 대학교의 결혼·가족 연구센터에 따르면, 빚은 신혼부부가 갈등을 겪는 가장 주요한 원인이다. 의식주와 같은 인간의 기본적인 욕구가 충족된다면, 사람의 행복은 가족이나 배우자, 친구, 종교적 존재와의 관계에 따라 결정된다. 그렇기에 진정한 행복은 진정한 부의 3요소인 가족과의 관계, 건강한 신체, 선택의 자유가 보장될 때 느낄 수 있다.

이 모든 것은 기본적인 생활환경이 보장된다는 전제가 깔려있다. 네팔에서 농사짓는 농부도 먹고살 걱정으로 밤낮 고민을 한다면 행복을 느끼기 힘들 것이다. 돈이 없다면 행복하기 힘들다는 사실은 누구나 경험적으로 알고 있다. 돈에 대해 부정적인 생각을 갖는 것은 돈을 내쫓는 일이다. 그러므로 돈에 대한 부정적인 인식은 우리의 의식에서 지워야 할 것이다. 돈은 가치 중립적이다. 돈은 어떻게 벌고 어떻게 쓰느냐에 따라 그 가치가 결정된다. 사람이 돈의 가치를 결정하는 것이다.

남들에게 뒤지지 않으려고 경쟁적으로 더 좋은 물건을 사고, 더 화려한 라이프 스타일을 유지하는데 욕심을 내다보면 돈이 자유를 잃게 만드는 악순환에 빠지고 만다. 돈에 이끌려 다니는 삶이 아니라 돈을 이끄는 주체적인 삶을 살기 위해서는 감당할 수 있는 범위 내에서 소비를 해야 한다. 감당할 수 있는 범위란 굳이 그 금액을 따져보지 않아도 살 수 있는 소비를 하는 것이다. 예를 들면, 커피 한 잔의 가격을 보고 '이 커피를 마셔도 될까?'라고 생각하지 않는다면 그것은 감당할 수 있는 범위 내에서 소비하는 것이다.

하지만, 벤츠 매장에 가서 벤츠 가격을 보고 '이 차를 사서 어떻게 갚지?'라고 생각이 들면, 그것은 감당할 수 있는 범위 내에서 소비하는 것이 아니다. 군이 벤츠가 아니라 가장 싼 소형차라도 그런 생각이 든다면, 삶에서 반드시 필요한 경우가 아니고서는 소비하는 것이 옳지 않다. 선택에 따르는 조건과 결과가 고민해 봐야 할 만큼 크다는 의미인 것이다. 만약 집을 한 채 사 놓고 그 금액을 어떻게 갚아나갈지 매일 고민하고 있다면, 당신은 집을 살 여유가 없는 것이다. 이런 경우 무리하게 소비하게 되면 빚이 당신의 삶을 옥죄기 시작할 것이다.

"만약 … 한다면"과 같은 말로 자신을 속이기 시작한다면, 그건 당신이 그것을 살 형편이 안 된다는 경고이다.

- "만약에 복권에 당첨된다면 집 한 채를 살 수 있을 텐데"
- "만약에 이번 달에 주식이 예상보다 10%만 더 올라도 괜찮을 텐데"
- "만약에 집값이 2배로 오르면 투자금을 회수할 수 있을 텐데"

이런 말로 자기 스스로를 안심시킨다면, 스스로를 속일 수는 있지만 결과를 속일 수는 없다. 자신이 원하는 물건을 현금으로 살 수 있고, 앞으로의 상황이 어떻게 변하는지에 관계없이 현재의 지출로 인해 삶이 영향을 받지 않는다면 사도 괜찮지만, 그렇지 않다면 사지 않는 것이 옳다. 진정한 부자들은 그 자리에서 현금으로 포르쉐를 사고, 요트를 구매한다. 그것이 아니라면 빚을 내서 무리한 지출을 하지 않는 것이 좋다. 행복과 멀어지는 지름길이기 때문이다. 빚은 우리에게 족쇄를 채우고, 노동 시간을 강요한다.

　돈은 우리에게 자유를 준다. 우리가 잊어버려야 할 것은 사회가 만들어 놓은 돈에 대한 부정적인 인식이고, 우리가 기억해야 할 것은 돈을 지혜롭게 사용하는 방법이다. 돈은 선택의 자유를 보장해준다. 그리고 그로 인해 부와 행복의 나머지 두 가지 요소인 건강과 가족과의 관계를 지키기가 더 쉬워진다. 당신이 돈에 대해 올바른 생각을 가질수록, 당신과 같은 생각을 가진 사람들이 곁에 함께 한다. 이는 진정한 부와 행복을 이루는 가장 완벽한 방법이다. 이러한 생각을 진정으로 믿는 순간부터, 당신이 성공한 지식창업자로 나아가기 위해 꼭 필요한 사람들이 당신 곁에 함께 할 것이다.

시간을 경영하고 리더십을 발휘하라

"나는 영토는 잃을지 몰라도 결코 시간은 잃지 않을 것이다."

— 나폴레옹 보나파르트

주말이면 새벽 3시까지 아무 의미 없는 시간을 보내다가 일요일 오후 1시쯤 일어나서 하루를 시작하지는 않는가. 나무늘보처럼 느지막이 일어나서 천천히 씻고 준비한 뒤에 다시 홍대로 나가서 친구들과 영화 보고, 치킨에 맥주 한 잔 하다 보면 어느덧 하루가 가고, 월요일 아침이 다가온다. 어떤 사람은 하루를 48시간처럼 사용하고, 어떤 사람은 하루를 5시간처럼 사용한다.

하루가 5시간인 사람들은 하루를 5시간처럼 쓰는 사람들과 함께 만나게 되어있다. 친구가 전화로 '나 백화점으로 옷 사러 가는데 같이 갈래?'라는 말에 함께 따라나선다면, 당신은 하루를 5시간처럼 쓰는 사람일 가능성이 높다. 시간은 유한하다. 한 번 지나간 강물에 두 번 발을 담글 수 없는 것처럼, 한 번 흘러간 시간은 다시 되돌려 붙잡을 수 없다. 내가 가진 시간을 어떻게 가치 있게 쓰느냐에 따라 인생의 방향이 달라진다. 성공과 실패를 결정짓는 가장 중요한 열쇠는 '시간'에 달려있다.

부자든 가난한 사람이든 하루에 24시간은 누구에게나 동등하게 주어진다. 당신은 이 글을 읽고 있는 순간에도 시간을 사용하고 있다. 시간을 더 많이 소유하고 있거나 덜 소유한 사람은 없다. 오직 주어진 하루를 5시간처럼 쓰는 사람이 있거나 48시간처럼 쓰는 사람이 있을 뿐이다. 그렇다면 평범한 삶에서 시작해서 누구는 왜 성공적인 부를 거머쥐고, 누구는 평범한 인생을 살아가게 되는 것일까? 그 정답은 시간의 활용에 놓여 있다. 매일 사용하는 시간의 가치에 따라서 인생의 가치가 달라진다.

매일 소파에 누워서 두 시간씩 TV를 보고, SNS에 잡다한 이야기를 올리면서 자투리 시간을 낭비하고, 오천 원을 절약하기 위해 40분을 줄 서서 기다리고, 밤늦은 시간까지 게임을 하며 시간을 낭비하고 있진 않은가. 가난한 삶 뒤에는 '잃어버린 시간'들이 존재한다. 당신이 밤늦게까지 게임을 즐겨한다면, 게임을 즐겨하는 사람들과 시간을 함께할 것이며, 이는 당신이 잃어버리는 시간을 가속화 시킨다. 시간을 잃어버리는 사람들이 합쳐질수록 시간의 가치는 더욱 떨어진다.

반면에 하루를 48시간처럼 쓰는 사람들은 매 순간을 가치 있게 살아간다. 이들은 시간이 얼마나 소중한지 알고 있다. 나는 지금 당장 소파 위에 누워서 감자 칩을 먹으며 TV를 보고 낄낄거리며 웃는 시간을 가질 수도 있다. 하지만 나는 지금 당장 한 권의 책을 쓰기 위해 펜을 든다. 책이 가진 영향력을 알기 때문이다. 집필을 함으로써 나는 시간을 벌고 나를 알리기 시작한다. 또한 영향력이 있는 지식창업자와 함께 유튜브를 촬영하면 나는 몇 개월의 시간을 단축시켜서 내 영향력을 넓힐 수도 있다. 일 년에 걸쳐 늘렸던 팔로워를 단 한 번의 방송으로 한꺼번에 늘릴 수도 있다.

'하루 경영'이라는 말이 있다. 하루를 내가 어떻게 보내느냐에 따라 1년이 결정된다. 그 1년이 굳어져서 10년 후에 나의 모습이 완성된다. 10년 후 나를 바꾸는 열쇠는 오늘 하루, 지금 이 순간부터 시작되는 것이다. 미래의 성공을 보장받고 싶다면 오늘 하루를 바꿔야 한다. 시간이 아깝다는 생각을 해야 한다. 시간이 아깝다는 생각이 들기 시작하면, 어떻게 주어진 시간을 가치 있게 쓸지 고민하게 되고, 이는 곧 성공적인 습관을 만드는 행동으로 이어진다.

나의 하루 가치는 얼마인가. 하루를 5시간처럼 쓰는 습관을 들이게 되면, 삶이 느려지기 시작한다. 하루에 할 수 있는 일이 한정된다. 심지어 하루에 한 개의 약속만 있어도 하루가 지나간다. 이렇게 시간을 보내게 되면, 시간이 헐값이 된다. 우리는 태어난 순간부터 침몰하는 배에 타고 있는 것과 같다. 만약 당신의 수명이 일주일밖에 남지 않았다면, 소파 위에서 TV와 드라마를 보며 시간을 낭비하고 있지 않을 것이다. 아직 이루지 못한 무엇인가를 시도해보기 위해 밖으로 나갈 것이다. 용기를 내고 두려움에 맞서는 도전을 할 것이다.

시간을 48시간처럼 쓰는 사람들에게 시간은 삶의 가장 소중한 자산이다. 의사 결정에 있어서도 시간을 가장 핵심적인 사항으로 고려한다. 성공적인 지식창업자가 되기 위해서라면 언제나 시간을 소중히 여기는 사람들과 함께해야 한다. 그러기 위해서 나의 시간을 먼저 소중히 여길 수 있는 자세가 필요하다. 내 삶에는 나와 비슷한 사람들을 끌어당겨 오기 때문이다. 내 시간이 아깝다고 생각되는 순간, 당신은 성공의 길에 들어서기 시작한 것이다. 반드시 기억해야 할 사실은 시간이 중요한 자산이라는 점이다. 성공한 지식창업자는 돈이 아닌 시간을 아낀다.

사람을 끌어당기는 세 가지 위대한 비밀

"나눔은 우리를 '진정한 부자'로 만들며,
　나누는 행위를 통해 자신이 누구이며 또 무엇인지를 발견하게 된다.**"**

― 테레사 수녀

누군가에게 따뜻한 감정을 느껴보고, 평생을 함께하고 싶다는 신뢰
감을 주는 사람을 만나본 적이 있는가. 이들은 사람을 끌어당기는 굉장
한 마력을 소유하고 있다. 어떤 일을 하더라도 '이 사람과 함께라면' 행복
하겠다는 생각을 들게 만드는 사람이 바로 이런 사람들이다. 자동차 창
고에서 같이 일을 해도, 한 달 동안 라면만 먹으면서 일을 해도, 돈이 없
더라도 이 사람이 주는 인간적인 매력 때문에 함께하고 싶다는 생각이
든다.

우리가 어렸을 때 엄마에게 느끼는 감정이 이와 비슷하다. 종교적
인 존재에 대해 느끼는 감정도 이와 비슷하다. 시대를 뛰어넘어 세계적

인 성인으로 추앙받는 사람들에게 느끼는 매력도 이와 비슷하다. 나는 이들의 특징을 연구하면서 세 가지 공통된 특징을 찾아냈다. 이는 다음과 같다.

- 감사하기
- 사랑하기
- 행복하기

첫 번째는 '범사에 감사하기'이다. 이는 생각보다 상당히 어려운 일이다. 모든 일에 감사하는 마음을 갖는 것은 단순히 기쁠 때만 감사하는 것이 아니라, 어려운 상황 속에서도 감사하는 마음을 갖는 것을 의미한다. 누구나 원하는 대학교에 합격했을 때, 승진했을 때, 큰돈을 벌었을 때 삶에 감사하는 마음을 갖는다. 하지만, 다리를 다쳤을 때, 승진에 누락되었을 때, 원하는 대학에 떨어졌을 때, '내 삶만 왜 이렇게 안 풀리지?'라는 생각을 가지며, 삶에 불평과 불만을 갖기 시작한다.

진정으로 감사할 줄 아는 사람은 이런 상황 속에서도 감사할 줄 아는 마음을 가진 사람이다. 다리가 다쳐서 오히려 여유롭게 사색하며 생각할 시간을 갖게 되었음에 감사해 한다. 승진에 누락 되었기에 내가 부족한 부분을 다시 한 번 되짚어 보고 발전할 수 있는 기회를 얻을 수도 있고, 새로운 곳으로 이직할 수 있는 기회가 찾아올 수도 있다. 원하는 대학에 떨어진 것으로 인해 새로운 학교와 학과에서 새로운 꿈을 꿀 수 있는 기회를 찾을 수도 있다. 똑같이 아픈 상황을 겪어도 누군가는 이겨내고, 누군가는 좌절한다. 위기 속에서 기회를 발견해 내는 사람이 있고, 포기하는 사람이 있다. 이 차이는 주어진 상황을 해석하는 힘에서 생겨난다. 주어진 삶에 감사하는 훈련을 한 사람들은 포기를 모른다.

주어진 삶에 감사하는 훈련을 하는 가장 좋은 방법은 매일 3개씩 감사하는 일을 노트에 적는 것이다. '오늘 하루 맑은 공기를 마실 수 있고, 일할 수 있는 일터가 있고, 내가 도와줄 수 있는 사람들이 있다는 것에 감사합니다. 두 다리로 건강하게 살아갈 수 있음에 감사하고, 아름다운 자연의 변화를 볼 수 있는 눈이 있음에 감사합니다. 매 순간 사람들과 행복을 공유할 수 있음에 감사합니다.'와 같은 감사의 일기를 쓰는 것이다.

오늘 하루 있었던 안 좋은 일을 통해 어떤 긍정적인 변화를 이끌어낼 수 있을까 고민하는 내용도 좋다. 예를 들어 오늘 하루 친구와 다퉈서 마음이 좋지 않다면, 오히려 그 친구에게 소홀했던 과거를 되돌아보고 작은 선물과 편지 하나로 예전보다 더 성숙한 관계를 만들어 가는 계기로 생각해보는 것이다. 삶은 관찰해보면 감사할 일들로 가득 차 있다. 아직 감사한 일들을 찾아보지 않았을 뿐이다.

두 번째는 '사랑하기'이다. 부모님의 사랑은 조건이 없다. 조건 없는 사랑을 베풀기 위해서는 남에게 무엇을 바라는 마음을 갖지 않아야 한다. 순수하게 사랑하는 마음을 먼저 가슴에 품고 베풀 수 있어야 가능하다. 조건 없는 사랑을 아가페적인 사랑이라고 한다. 종교에서는 신의 인간에 대한 사랑, 부모의 자식에 대한 사랑 등 아무런 조건이 없는 무조건의 베풂이다. 보통의 일반적인 마음으로는 힘든 것이 또한 무조건적인 사랑이다.

'남자친구니까 당연히 크리스마스에는 이 정도 선물을 해줘야지.', '친군데 이 정도도 못 해줘?'

내가 이렇게 했으니, 너는 나에게 이 정도는 해주야 한다는 조건이 붙은 순간부터 조건이 맞지 않으면 이별을 준비한다. 우리의 인간관계는 이러한 과정을 숱하게 경험하면서 왔다.

부모님은 어린 자녀에게 무엇을 바라지 않는다. 태아와 산모가 위험한 상황에서도 많은 산모들이 아이의 생명을 택한다. 자신의 목숨보다도 더 소중한 사랑을 자녀에게 전하는 것이다. 이러한 사랑에는 조건이 없다. 조건 없이 사랑할 때, 진정한 행복이 찾아온다. 부모님의 품 안에서 편안히 잠든 아이는 세상 누구보다 행복한 감정을 느낀다. 평생을 한센병 환자들을 돌보며, 자신의 아들을 죽인 남자를 양자로 삼았던 손양원 목사님 같은 분 또한 조건 없는 사랑을 삶으로 실천하신 분이다.

누군가를 만날 때 무언가를 바라는 내 모습이 느껴진다면, 의식적으로 내가 그 사람을 위해 무엇을 해줄 수 있을까를 생각하는 것이 도움이 된다. 생각만 해도 화가 나는 사람이 있다면, 반복적으로 그 사람을 용서하는 훈련이 필요하다. 이는 모두 나를 위해서다. 화가 나는 사람을 생각하는 것은 독약을 먹는 것과 같다. 마음에 병을 일으키고, 어두운 그림자를 불러온다. 손양원 목사님은 자신의 아들을 죽인 사람을 양자로 삼고 평생 그를 아들처럼 길러냈다. 사람은 나눌 때 더 큰 것을 얻는다. 줄 때 비로소 얻을 수 있는 것이다.

마지막은 '행복하기'이다. 진정으로 행복하기 위해서는 마음의 욕심을 비우는 연습이 필요하다. 삶에 많은 것을 가득 채워놓은 사람보다 비워둔 사람이 더욱 행복하다. 소유는 집착을 부르고 집착은 욕심을 부르기 때문이다. 우리는 많은 것을 가질수록 더 많은 것을 갖고 싶어 한다. 쌀 99가마니를 가진 사람은 쌀 100가마니를 채우기 위해 쌀 한 가마니를 가진 사람의 것을 욕심낸다. 자신은 이미 큰 땅을 가지고 있어도, 사돈이 땅을 사면 배가 아프다. 이는 욕심을 내려놓지 못하고 만족하지 못하기 때문이다.

많은 사람들은 욕심을 내려놓는 연습을 해본 적이 없다. 행복해지고 싶지만, 어떻게 행복해질 수 있는지 방법을 모른다. 한 번도 이를 연습해본 적이 없기 때문이다. 그렇기에 이러한 방법을 깨닫고, 욕심을 버리고 주어진 것에 만족하며 행복하게 사는 사람들 곁에는 행복해지고 싶은 많은 사람들이 함께 한다. 이들과 함께함으로써 자신도 행복해질 수 있다고 믿기 때문이다. 하지만 이는 착각이다. 진정 행복해지기 위해서는 자기 스스로가 욕심을 내려놓는 연습을 해야 한다. 진정한 행복의 근원에 다가가기 위해 스스로 훈련하고 단련해야 하는 것이다.

이 세 가지를 삶 속에서 실천하는 사람들은 자신의 주위로 좋은 사람들을 끌어당기는 강력한 매력을 지니게 된다. 가만히 있어도 향기가 나는 꽃처럼, 그 사람 곁에는 향기를 맡고 찾아오는 사람들로 발길이 끊이지 않는다. 처음부터 이를 실천하는 사람은 없다. 관점을 바꿔서 이를 훈련한다고 생각하고 매일 한 가지씩 실천하는 노력이 결국 습관을 만들고, 당신의 인생을 바꿀 것이다. 배우고 깨달았다면 실천하라. 그 작은 행동이 당신의 인생을 완전히 바꿔놓을 것이다.

내 인생은 책을 읽기 시작하면서 변하기 시작했다. 책을 읽기 전과 책을 읽은 뒤의 내 모습은 상상할 수 없을 만큼 달라졌다. 평범했던 나의 삶은 책을 읽기 시작하면서 특별해지기 시작했다. 책을 읽으니 관점이 달라지고 의식이 확장되었다. 의식이 확장되자 보이지 않던 기회들이 보이기 시작했다. 나에게 주어진 기회들을 찾기 위해 행동하기 시작하고, 행동을 지속하자 이는 습관이 되었다. 그러자 나와 같은 생각을 하는 사람들이 나타나기 시작했다. 이들과 함께 더 넓게 영향력을 펼칠 수 있었고, 더 큰 삶의 무대를 꿈꾸게 되었다. 붉은 장미가 가득한 꽃밭 위에서 하얀 장미로 다시 태어난 느낌이었다.

나는 외교관이 되고 싶었다. 전 세계 정상들이 함께하는 외교 무대 위에서 대한민국을 대표하며 멋지게 영어로 이야기하는 모습을 꿈꿨다. 하지만 세상엔 영어를 정말 잘하는 사람이 많다는 사실을 깨닫게 되었다. 주변 사람들은 이 길이 쉽지 않다고 얘기했다. 돈이 없으면 집중해서 공부하기도 쉽지 않았다. 가장 저렴한 인터넷 강의를 듣고, 고시원에 살며 공부하는 것도 나에겐 사치였다. 뉴스 기사도, 시험 합격률에 관한 자료들도 모두 나에게 이 길은 어렵고 힘든 길이라고 말하는 것 같았다. 나 역시 다른 문과 학생들처럼 대기업, 공기업, 금융권, 고시에 관한 길을 찾았지만, 나의 미래를 결정할 길을 찾지 못하고 대학교 2학년이 되던 해에 군에 입대했다.

군대에서 나는 우연히 론다 번의 《시크릿secret》이라는 책을 읽었다. 생각의 힘이 얼마나 강력한지 보여주는 책이었다. 나는 머리를 한 대 얻어맞은 듯한 느낌이었다.

생각은 우주에서 가장 강력한 자석이고, 내 생각은 모든 것을 끌어당긴다. 중요한 것은 부정은 부정을 끌어당기고 긍정은 긍정을 끌어당긴다는 사실이었다. '실패'는 실패에 관한 모든 것을 끌어당긴다. "나는 '실패' 하지 않을 거야."라는 말은 곧 '나는 실패할 거야'라는 말과 같다. 부정은 부정을 끌어당기기 때문이다. 이 말은 '나는 성공할 거야'라는 말로 바뀔 때 비로소 강력한 힘을 발휘한다.

나는 내 생각을 변화시키는 훈련을 했다. 나는 하얀 종이 위에 내가 하고 싶은 것들을 써내려갔다. '내 이름으로 된 책 출간하기, 나만의 무대 위에서 강연하기, 나만의 회사를 설립하기, 한 달에 천만 원 벌기, 같은 꿈을 꿀 수 있는 사람과 결혼하기, 연예인처럼 멋지게 프로필 사진 촬영하기, 방송에 출연하기, 유명인이 되어 인터뷰하기, 세계 정상들과 함께 무대에 서서 영어로 통역하기, 전 세계 여행하기, 내 콘텐츠로 유튜브 영상 100개 만들기, 뮤지컬 무대에 서기, 영화에 출연하기…'와 같이 내 가슴을 뛰게 하는 모든 것들을 썼다.

사람들에게 이를 알리기 시작하자 부정에 부딪치기 시작했다. 사람들은 '불가능'이라는 말로 내 꿈에 못을 박기 시작했다. 하지만 나는 이미 생각의 비밀을 알고 있었다. 부정은 부정을 끌어당긴다. 나는 세상의 모든 부정을 부정하기 시작했다. 오직 긍정적인 생각만이 내 안에 자리 잡도록 훈련했다. 흰 종이 위에 내가 정말 이루고 싶은 것들을 기록하여, 지갑에도 넣고 다니고, 벽에도 붙여두고, 큰소리로 읽기도 하고, 나중에 이 모든 것을 다 이뤘을 때를 꿈꾸며 동영상을 촬영하기도 했다. 매일 내가 이루고 싶은 것들에 대해 생각했다. 밤에는 가슴이 두근거려서 잠이 안 올 정도였다.

결과는 놀라웠다. 나는 군대를 제대하면서 내 첫 번째 책을 출간했다. 군 생활 내내 250권이 넘는 책을 읽고, 제대를 30일 앞둔 시점에 내 첫 번째 책이 출간되었다. 나는 용기와 자신감을 얻기 시작했다. 작은 성취가 쌓이자 나 자신에 대한 신뢰가 쌓이기 시작했다. 굳이 대기업, 공기업, 금융권, 고시가 아니더라도 내가 돈을 벌고 성공할 수 있다는 생각이 싹트기 시작했다.

제대 후에 군 생활 동안 모았던 50만 원을 가지고 창업을 했다. 처음 한 달 동안은 매일 아침 집 앞에 스타벅스에 나가서 책을 읽는 게 하루 일과의 전부였다. 학교도 졸업하지 않은 아들이 휴학한 채 돈을 벌 생각은 안 하고 쓸데없는 일을 하는 것 같아 보이는지 부모님께서도 걱정하기 시작했다. 부모님에게 내가 가진 꿈을 끊임없이 설명하면서도 나 스스로도 혼란이 일어나기 시작했다. '과연 지금 내가 하는 일이 맞는가?'

이 무렵에 읽은 책, 현대그룹 창업자인 정주영 회장의 '포기하지 않으면 시련은 있어도 실패는 없다.'는 말이 큰 위안이 되었다. 나는 포기하고 싶은 마음이 없었다. 내 믿음을 삶으로 증명해 보이고 싶었다. 일단 내가 가장 잘하는 것부터 시도하기 시작했다. 직접 행동으로 옮기는 실행을 하며, 1톤의 생각보다 1그램의 행동이 중요하다는 사실을 깨닫기 시작했다. 학생들에게 영어를 가르치기 위해 교육 프로그램을 짜고, 전단지를 만들고, 아파트를 돌아다니면서 붙이기 시작했다. 매일 새벽 6시에 일어나 학생들의 등굣길에 나눠주기도 했다. 아파트 경비 아저씨에게 잡상인으로 취급받고 붙였던 전단지를 다시 떼러 다니기도 하고, 학교 앞 경비 아저씨에게 쫓겨나기도 했다. 그래도 포기할 수는 없었다.

친구들은 외고 졸업하고 고려대 나와서 그게 뭐하는 짓이냐고 걱정 어린 시선으로 나를 바라봤다. 쪽팔린 줄 알라고 얘기하는 사람도 있었고, 학원 강사하려고 그렇게 공부했냐고 비아냥거리는 사람도 있었다. 나는 이런 소리를 들어도 괜찮았지만 어머니가 모임에서 이런 소리를 듣고 와서 나에게 걱정을 토로할 때는 정말 가슴이 아팠다. 이럴 때마다 나는 굴하지 않고 보란 듯이 성공하겠다고 다시 한 번 다짐했다. 학생들은 내 노력에 한 명, 두 명 모이기 시작했다. '목숨 걸고 수업한다.'가 이때 내가 가진 유일한 수업 목표였다.

몇 달이 지나자, 저녁 6시부터 새벽 1시까지 일주일의 모든 시간이 영어 수업으로 가득 찼다. 내가 일주일에 두 번 2시간 강의하는 한 달 수강료로, 80만 원을 요구해도, 100만 원을 요구해도 내 영어 수업을 받겠다는 사람들이 생겨났다. 이때부터는 내가 돈을 통제하기 시작했다. 돈에 이끌려 다니다가 돈을 이끌어내게 되었다. 군대에서 흰 종이 위에 적었던 월 천 만 원도 이때 달성했다. 더 이상 돈이 필요 없을 때까지 일을 했다. 돈이 있어도 도저히 쓸 수 없는 상태까지 된 것이다.

이 상태가 되자 자유가 없어지고, 행복이 사라지기 시작했다. 새벽 2시에 집에 들어와서 아침 10시가 넘어서 일어나는 생활이 지속되다 보니 가족들의 얼굴을 볼 수조차 없었다. 동생이 중국 교환학생 프로그램에 합격해서 그곳에서 생활할 생활비를 벌기 위해 무리하게 3개의 아르바이트를 동시에 하다가 과로로 쓰러져서 병원에 실려 간 사실조차 알 수 없었다. 뒤늦게 병원에 찾아가 눈에 핏줄이 다 터진 동생을 보며 눈물이 났다. 돈이 뭐 길래 이렇게 삶을 힘들게 만들까.

나는 더 이상 돈에 쫓기고 싶지 않았다. 이때부터 돈을 벗어나 새로운 가치를 추구하게 되었다. '세움영어'라는 이름은 이때 탄생했다. '교육으로 세상을 바로 세우다'라는 가치를 내걸고, 내 수업 시간을 줄이고 교육 소외 계층을 위한 봉사활동을 시작했다. '누구나 수준 높은 교육을 받을 권리가 있다'는 생각으로 주변에서 쉽게 만나기 힘든 다양한 분야의 명사들을 초청해서 20, 30대를 위한 강연을 주최하기 시작했다.

내 무대가 만들어지기 시작하면서, 자연스럽게 더 많은 사람들에게

'세움영어'가 알려지기 시작했다. 내가 꿈꿨던 세상이 현실에서 가속도가 붙기 시작했다. 영어 문법을 어려워하는 학생들을 위해 1, 2등급이 아닌 3등급부터 9등급까지 학생들을 대상으로 책을 썼다. 지금까지 나의 활동을 봐오셨던 크라우드 펀딩 회사 와디즈의 최동철 이사님이 크라우드 펀딩을 통한 책 출간 기회를 제공해 주셨다. 이러한 기회를 바탕으로 책에 들어갈 사진을 촬영하기 위해 전문 사진작가와 함께 프로필 사진도 촬영하게 되었다.

크라우드 펀딩을 진행하면서 알게 된 사람들 덕분에 한국 카리브 고위급 포럼에서 세인트키츠네비스 국가 외교차관을 수행하며 통역할 수 있는 기회도 얻게 되고, 현대카드 시티브레이크 락 페스티벌에서 가수 펜타토닉스의 수행통역을 하며 무대 바로 뒤에서 그의 공연을 지켜보는 경험도 했다. 미국 AIG 그룹 수석 부사장이 한국에 방문했을 때, 수행통역을 담당하는 기회도 얻게 되었다. 계속해서 영어를 손에서 놓지 않고 공부했던 게 큰 도움이 되었다.

크라우드 펀딩을 성공적으로 마치면서 아프리카 TV 본사의 지원을 받으면서 유명 BJ와 함께 책을 홍보하는 라이브 방송을 촬영하기도 했다. 이러한 경험을 발판으로 세 번째 책을 쓸 때에는 판매가 저조해질 수 있다는 출판사의 반대에도 불구하고 무료 PDF 파일을 제작해서 모든 학생들이 볼 수 있도록 우리나라 4대 영어 카페에 배포했다. 출판사의 예측대로 초기 판매는 저조했지만, 그 반면에 자발적인 책 블로그 포스팅 및 공유가 3,000개를 넘어섰다. 책 판매 수익금보다 훨씬 가치 있는 독자들의 감사 편지와 쪽지를 매일 받고 있다. 상식을 깨는 발상이 오히려 나에게 상상도 못 한 가치 있는 경험을 선사해준 것이다.

군대에서 흰 종이 위에 썼던 꿈의 90%는 제대 후 5년 만에 현실로 이루어졌다. 나는 생각의 힘이 가진 강력한 힘을 더 발전된 삶으로 증명하고 싶어졌다. 지금은 나와 같은 꿈을 꾸며 자신만의 삶의 무대를 만들어가는 사람들과 함께 일하고 있다. 나는 아직도 흰 종이 위에 내가 가진 꿈을 적는다. 벽에 붙여놓고, 지갑에 넣어두고, 사람들에게 알리는 것도 똑같다. 예전과 달라진 점이 있다면, 더 이상 사람들이 나의 꿈이 '불가능'할 것이라고 말하지 않는다는 것이다.

나는 새로운 꿈을 꾸고 있다. 모두가 가는 길이 아니라, 자신만의 꿈을 개척하는 사람들을 도와주는 일을 하고 싶다는 꿈이다. 꿈과 열정이 있지만 방법을 모르는 수많은 젊은 친구들에게 내가 가진 지식과 경험을 알려주고, 이들과 함께 성장하는 공동체를 만들고 싶다. 나는 이 꿈이 반드시 이뤄질 것을 믿는다.

이 책은 나의 경험과 내가 읽었던 책들, 수많은 사람들의 이야기를 바탕으로 만들어졌다. 여덟 가지로 정립된 성공의 비밀들이 자신만의 삶을 꿈꾸는 당신을 성공의 길로 올려놓을 것이다. 누구나 특별한 소명을 가지고 태어났다는 사실을 잊어서는 안 된다. 우리에게는 모두 새로운 세상을 창조할 만한 강력한 힘이 있다.

빛나는 순간을 보기 위해서는

오랜 어둠을 견뎌야 한다는 사실을 깨달았다.

나와 같은 생각을 가지고 있는 사람들에게

이 글이 함께 울고 웃으며

희망과 통찰력을 제공하는 책이 되기를 소망한다.

삶에 지친 나에게 내가 해주고 싶은 말
서동식 지음 | 양장 | 금장 | 384쪽 | 올컬러 | 값 15,000원

이젠 내가 행복할 차례입니다
삶에 지친 이들을 위해 위로와 격려가 될 수 있도록 다른 누군가를 위해서가 아니라 진짜 나에게 해주고 싶은 말들을 명문장들과 함께 수록한 치유 에세이 집이다. 매순간 선택의 기로에서 포기하고 싶어질 때 오직 나에게 해주고 싶은 말을 있는 그대로를 담았다. 책 뒤쪽에는 자신의 일상을 기록할 수 있는 다이어리를 첨부했다.

나를 위한 하루 선물
서동식 지음 | 양장 | 376쪽 | 값 13,000원

소중한 자신에게 선물하는 행복한 하루!
나를 변화시키는 하루 한 마디 《하루 선물》. 이 책은 온전히 나 자신을 위한 지식과 교훈, 마음의 위로와 긍정적인 에너지를 줄 수 있는 글귀들로 구성되어 있다. 365 매일매일 가슴에 새겨넣을 글과 함께 나를 변화시키는 하루 확인을 수록하여 이전보다 더 긍정적인 마음과 목표의식을 가지고 살아갈 수 있게끔 용기를 주고 내면에 힘을 보태어준다.
내면의 소리에 맞추어 지혜롭게 인생의 길을 개척하고, 무의미한 걱정을 하느라 인생을 낭비하지 않고, 성실함으로 미래를 준비하여 기회를 잡고, 영감을 통해 모든 문제의 해결책을 찾고 새로운 기회를 만들어 내는 등 다양한 지침을 수록하여 행복하게 살아갈 수 있도록 도와준다.

365 매일매일 나를 위한 하루 선물
서동식 지음 | 양장 | 400쪽 | 값 13,000원 |

365 매일매일 당신을 위한 선물들을 찾아가세요
인생이라는 기회는 단 한 번뿐입니다. 게으름과 두려움에 망설임에 망설이고 있는 지금 이 순간에도 우리의 옆으로 미소를 지으며 혹은 비웃으며 지나가고 있습니다.
우리는 얼마나 이 소중한 인생을 가볍게 보고 있었나요? 우리는 얼마나 미지근하게 인생을 마시고 있었나요? 다시 우리의 인생을 뜨겁게 데워야 합니다. 게으름이 아닌 열정으로 두려움이 아닌 용기로 미지근한 인생을 뜨겁게 달구어야 합니다. 다시 뜨거워진 열정으로 새로운 희망을 생각해야 합니다. 이 책은 우리가 놓치고 지나쳤던 우리가 기억하지 못하는 나를 위한 선물들을 찾아가라는 책입니다.

하루하루 인생의 마지막 날처럼 살아라
이대희 지음 | 함께북스 | 320쪽 | 값 14,500원

날마다 오늘이 당신의 맨 마지막 날이라고 생각하라.
날마다 오늘이 맨 처음 날이라고 생각하라.
《하루하루 인생의 마지막 날처럼 살아라》는 유대인의 탈무드를 한국인의 시각에서 정리한 책이다. 탈무드는 유대인의 책이지만, 모든 인간에게 해당되는 보편적인 진리의 내용을 담고 있다. 이미 잘 알려진 탈무드의 짧은 격언을 오늘의 삶에 적용하고 대안을 찾는 방식으로 정리했다. 이 책을 통하여 5천 년의 역사를 갖고 있는 한국인에게도 유대인의 탈무드 교육과 같은 놀라운 시도가 시작되길 기대한다.